AF091690

www.ingramcontent.com/pod-product-compliance
Lightning Source LLC
LaVergne TN
LVHW012110070526
838202LV00056B/5692
* 9 7 8 8 1 9 4 2 9 5 7 2 3 *

گل بوٹے سلور جوبلی سیریز

بچّوں کی مقبول نظمیں

مرتّب

آصفؔ اِقبال

محرّک

فاروق سیّد، مدیر گل بوٹے

© جملہ حقوق بحقِ گل بوٹے پبلی کیشن، ممبئی محفوظ ہیں۔

بچوں کی مقبول نظمیں

مرتب : آصف اِقبال

محرک : فاروق سیّد

ناشر : گل بوٹے پبلی کیشنز، ممبئی

بسلسلۂ گل بوٹے سِلوَر جوبلی جشن - ستمبر 2019ء

کمپوزنگ : یسریٰ گرافکس، پونہ

سرورق : ریحان کوثر، کامٹی

ملنے کے لیے رابطہ : 09867169383 (کوثر احمد)
09892461465 (محمد شریف)

ISBN: 978-81-942957-2-3

Bachchon ki Maqbool Nazmein

Compiler: Aasif Iqbal

Motivator: Farooque Sayyed

Publisher: Gul Bootey Publications, Mumbai

Commemorating Gul Bootey Silver Jubilee Celebration - Sept. 2019

انتساب

میری زندگی کی پہلی کتاب

میری کائنات

میری والدہ محترمہ شمیم بانو کے نام

جن کی دُعاؤں نے زندگی

کی پُر خار راہوں کو سہل اور گلزار بنا دیا۔

جو مِلا ہے دُنیا میں ماں تری دعاؤں سے
اب بھی تیری یادیں ہی حوصلہ بڑھاتی ہیں

اللہ ربّ العالمین والدۂ محترمہ کو جنّت الفردوس میں اعلیٰ سے اعلیٰ مقام عطا فرمائے۔ آمین ثم آمین۔

آصف اِقبال

عرضِ ناشر

پیارے بچو!

السلام علیکم و رحمۃ اللہ!

آج کا دن اور یہ خوب صورت موقع ہمارے لیے کسی انمول تحفے سے کم نہیں۔ آج ہمارا پسندیدہ رسالہ ماہنامہ 'گل بوٹے' ممبئی اپنی تاسیس کے پچیس سال مکمل کر رہا ہے۔ اس پرمسرّت موقع پر ہم اللہ ربّ العزت کی بارگاہ میں نذرانۂ تشکر پیش کرتے ہیں جس نے ہمیں یہ مبارک دن دِکھایا۔ 'گل بوٹے' کی اشاعت کے پچیس برس مکمل ہونے پر ہم اپنے ان تمام ننھے ساتھیوں کو دلی مبارکباد پیش کرتے ہیں جو اپنے پسندیدہ رسالے سے ابتدا ہی سے جڑے رہے۔ جنھوں نے گل بوٹے کو اپنا رسالہ سمجھا، اس کا ہر مہینے بڑی شدت سے انتظار کیا، اسے پابندی سے خریدا، اس کے خوب صورت مشمولات کو پسند کیا، اس کی قیمتی باتوں کو ذہن نشین کر کے ان پر عمل کیا۔ ان تمام ساتھیوں کو بھی مبارکباد جو گل بوٹے کی ترویج و ترقی اور اسے گھر گھر پہنچانے میں ہمیشہ کوشاں رہے، اس کی ترتیب و اشاعت میں اپنے قیمتی مشوروں سے نوازا، مشکل ترین حالات میں اپنی توجہ اور تعاون سے گل بوٹے کے کم سواد مدیر کی ڈھارس بندھائی، گل بوٹے ٹیم کی کوششوں کو سراہتے ہوئے ان کی حوصلہ افزائی کی، گل بوٹے کے ساتھ سفر کرتے ہوئے اپنے بچپن کو لڑکپن اور لڑکپن کو نوجوانی میں تبدیل کیا۔ آج کا دن ان تمام ننھے فرشتوں اور نوجوان دوستوں کے لیے نویدِ جانفزا لے کر آیا ہے اور آج یہی تمام ساتھی مبارکباد کے مستحق ہیں۔ آپ تمام کو کامیابی و کامرانی کے یہ پُرمسرّت لمحات بہت بہت مبارک ہوں!

عزیز ساتھیو! ہمارے ملک میں بچوں کے رسائل کی تاریخ درخشاں رہی ہے۔ ایک زمانہ تھا جب ملک کے مختلف شہروں سے بڑی تعداد میں بچوں کے رسائل نکلتے تھے۔ آج بھی قدرے کم تعداد میں سہی لیکن بچوں کے رسائل برابر نکل رہے ہیں۔ ممبئی جیسے اُردو آبادی والے بڑے شہر سے ایک عرصے سے بچوں کے ایک معیاری رسالے کی ضرورت محسوس کی جاتی تھی۔ اللہ کا شکر ہے کہ اس نے ہمیں توفیق بخشی اور ہم نے اللہ کا نام لے کر تن تنہا اس راہ پر قدم بڑھایا اور دیکھتے ہی دیکھتے گل بوٹے کے تئیں ہمارے جنون نے پچیس بہاریں مکمل کرلیں۔ اگرچہ زمانے کی نظر میں پچیس برس کوئی بڑی مدت نہیں ہوتی لیکن کسی رسالے کے لیے اور وہ بھی اُردو زبان میں بچوں کے رسالے کے لیے یہ ایک بہت بڑی مدت ہے۔ یہ ایک ایسی مدت ہے جسے کسی جنون یا دیوانگی کے سہارے ہی پورا کیا جاسکتا ہے۔ ان پچیس برسوں میں گل بوٹے نے ترقی کے کئی رنگ دیکھے۔ پہلے پہل اسے سادے کاغذ پر یک رنگی شائع کیا گیا۔ پھر پرنٹ میڈیا میں آئے انقلابات پر لبیک کہتے ہوئے آرٹ پیپر اور مکمل رنگینی کو اپنایا۔ اِس دوران گل بوٹے زمانے کے شانہ بہ شانہ چلتا رہا لیکن اس نے تعلیمی، اخلاقی اور تہذیبی رہنمائی کے اپنے مشن سے صرفِ نظر نہیں کیا بلکہ فکری طور پر پوری قوت سے اپنے مشن پر ہمیشہ گامزن رہا۔

ہمیں اس حقیقت کا اظہار کرتے ہوئے بڑی مسرت ہورہی ہے کہ جیسے ہی ہم اپنی تاسیس کے پچیسویں سال کی طرف بڑھ رہے تھے، ہم گل بوٹے کی سلور جوبلی کچھ منفرد انداز میں منانے کا سوچ رہے تھے اور جلد ہی ہم نے یہ عزم کیا کہ گل بوٹے کی پچیسویں سالگرہ پر ہم بچوں کے ادب کو نادر موضوعات پر پچیس کتابوں کا تحفہ دیں گے۔ الحمد للہ! ثم الحمد للہ! ہمیں خوشی ہورہی ہے کہ اللہ تعالیٰ نے ہمارے اِس عزم کی لاج رکھ لی اور ہم آج مختلف موضوعات پر پچیس کتابیں شائع کرنے میں کامیاب ہوئے ہیں۔ بچوں کے ادیبوں کی ڈائرکٹری الگ۔

بچوں کے ادب پر یہ پچیس کتابیں گل بوٹے کے ادارۂ تحریر کے رفقا یعنی 'ٹیم گل بوٹے'

کی محنتوں کا ثمرہ ہے۔ ان کتابوں میں ٹیم گل بوٹے نے ان تمام موضوعات کو سمیٹنے کی کامیاب کوشش کی ہے جو اُردو میں بچوں کے ادب کے زرّیں عہد کے گواہ ہیں۔ یہ وہ موضوعات ہیں جو اَب نایاب نہیں تو کمیاب ضرور ہیں البتہ یہ بھی حقیقت ہے کہ آج کسی ایک جگہ دستیاب نہیں۔ٹیم گل بوٹے نے موضوعات کے انتخاب سے لے کر کتاب کی ترتیب و تدوین تک جس محنتِ شاقہ کا ثبوت فراہم کیا ہے اس کے لیے میں بحیثیت مدیر اور ناشر تمام مرتبین کا شکرگزار ہوں۔ ناسپاسی ہوگی اگر اس موقع پر اپنے عزیز دوست اور بال بھارتی پونہ کے اُردو افسر خان نوید الحق انعام الحق صاحب کا شکریہ ادا نہ کروں جن کی کرشماتی شخصیت نے کتابوں کی ترتیب سے لے کر سلور جوبلی تقریبات کے انعقاد تک ہر مشکل مرحلے میں میرے کندھے سے کندھا ملا کر کام کیا۔ ہر مرحلے پر ثابت قدمی دِکھاتے ہوئے کام کی پہل کی، اپنے وسیع تجربات کی روشنی میں کٹھن مراحل کو آسان بنا دیا اور اپنے آپ کو دامے درمے سخنے کلی طور پر اس کام کے لیے وقف کر دیا۔ ان احسانات کو صرف محسوس کیا جا سکتا ہے۔

زیرِ مطالعہ کتاب 'بچوں کی مقبول نظمیں' جناب آصفؔ اِقبال نے مرتب کی ہے۔ آپ نے حتی الامکان اسے خوب سے خوب تر بنانے کی کوشش کی ہے اس لیے ادارہ 'گل بوٹے' جناب آصفؔ اِقبال کا دل کی گہرائیوں سے شکریہ ادا کرتا ہے۔

آپ کے اپنے ماہنامے 'گل بوٹے' کے جشنِ سیمیں کے موقع پر ہم ان تمام قلمکاروں، مراسلہ نگاروں اور قارئین کا شکریہ ادا کرتے ہیں جنھوں نے گزشتہ ربع صدی کے دوران ہر مرحلے پر ہمارا تعاون کر کے حوصلہ بڑھایا ہے۔ ہمیں اُمید ہے کہ بچوں کے ادب پر یہ پچیس کتابیں آج کے حالات میں ادبِ اطفال کی راہ متعین کرنے میں مشعلِ راہ ثابت ہوں گی۔ آپ کی گرانقدر آرا کا ہمیں انتظار رہے گا۔

والسلام

فاروق سیّد

بسم اللہ الرحمٰن الرحیم

پیش لفظ

باغ میں گُل کی اہمیت مسلّم ہے۔ جس شخص کی اہمیت ہوتی ہے اسے لازم ہے کہ وہ سبھی کو اہمیت دے۔ ورنہ پتا پتا، بوٹا بوٹا بلکہ پورا باغ بھی متوجہ ہو اور گل ہی بے اعتنائی برتے تو ایک کسک، ایک کمی اور بے قراری کا عالم تذبذب میں مبتلا کر دیتا ہے۔ میر تقی میرؔ نے صدیوں پہلے گُل اور بوٹے کو علیحدہ باندھتے ہوئے کہا تھا ۔

پتا پتا ، بوٹا بوٹا حال ہمارا جانے ہے
جانے نہ جانے گُل ہی نہ جانے باغ تو سارا جانے ہے

مگر ہمیں بے انتہا خوشی ہے کہ اُردو زبان و ادب، تہذیب و ثقافت کے آسمان پر آج سے ۲۵ سال قبل جناب فاروق سیّد نے گُل اور بوٹے کو یکجا کر دیا۔ خوابوں کے شہر عروس البلاد ممبئی سے ماہنامہ گُل بوٹے کی اشاعت شروع کی۔ چونکہ آپ میرے ماموں جان ہیں۔ اس لئے میں بچپن ہی سے گُل بوٹے کے اشاعتی مراحل، اُتار، چڑھاؤ، مصیبتوں اور پریشانیوں سے اچھی طرح واقف ہوں۔ مجھے وہ دِن آج بھی یاد ہے جب ماموں جان نے مجھے گُل بوٹے کی اشاعت کے متعلق پہلا ہینڈ بل پڑھنے کے لیے دیا تھا اور میں نے بڑی دلچسپی اور انہماک سے پڑھ کر سُنایا تھا۔ تب سے لیکر آج تک ہماری جب بھی ملاقات ہوئی ہے۔ موضوعِ سخن صرف اور صرف گُل بوٹے، بچوں کی تخلیقات، بچوں کا ادب، بچوں کے ادیب، نئے قلم کار، نئے قاری، اساتذہ، صدر مدرسین، انتظامیہ یہی رہا ہے۔ جو فاروق سیّد صاحب کو بہت قریب سے جانتے ہیں وہ ضرور اس بات سے اکتفا کریں گے کہ گُل بوٹے نہ صرف آپ کی زندگی کا اوڑھنا بچھونا ہے بلکہ آپ کی رگوں میں لہو بن کر دوڑ رہا ہے۔ آپ جنون کی کیفیت سے بھی آگے اپنا سب کچھ لُٹا کر گل بوٹے کو زندہ رکھنا چاہتے ہیں۔ یہی وجہ ہے کہ بہت محدود ترین وسائل اور سرمایے کے باوجود گُل بوٹے کی ۲۵ ویں سالگرہ کو تاریخی بنانے کے لیے ملک کی راجدھانی دہلی میں

بچوں کی ۲۵ راہم کتابوں کی اشاعت کے ساتھ بچوں کے ادب پر عالمی سیمینار کا انعقاد کر رہے ہیں۔ ملک اور بیرونِ ملک کے تمام تخلیق کاروں کو ایک پلیٹ فارم پر لا رہے ہیں۔ یقیناً گُل بوٹے کا پچیس سالہ جشن بچوں کے ادب کے لیے نیک فال ثابت ہوگا۔

مجھے خوشی ہے کہ اس موقع پر راقم الحروف نے بھی 'بچوں کی مقبول نظمیں' یہ کتاب بہت ہی کم وقت میں ترتیب دی ہے لیکن میں نے حتی الامکان کوشش کی ہے کہ بچوں کی تقریباً مقبول نظمیں جو مہاراشٹر کی درسی کتب میں شامل رہی ہیں، ان کا انتخاب کیا جائے۔ انتخاب میں کوئی خاص ترتیب یا پیمانہ طے نہیں ہے۔ اس لیے چند شعرا کرام کی ایک سے زائد نظمیں کتاب میں شامل ہیں۔ سبھی نظمیں، دلچسپ، خوبصورت اور بہترین ہیں۔ آپ جس شاعر کی بھی نظم پڑھیں گے اس شاعر کا پورا کلام پڑھنے کی خواہش ضرور جاگے گی۔ نظموں کے علاوہ غزلیں، رباعیات، مرثیے اور منتخب اشعار بھی کتاب میں شامل کیے گئے ہیں۔ اس کتاب کی ترتیب میں میرے سرپرست اور رہبر محترم خان نوید الحق صاحب (اسپیشل آفیسر فار اُردو، بال بھارتی)، میرے اُستاد دوست اور بڑے بھائی جناب سراؔج شولاپوری صاحب، اشاعت پریس کے روحِ رواں عمران لُنجے صاحب اور آپ کے والد محترم مترنم شاعر عبدالوہاب جمیل صاحبؔ اور قریبی چاہنے والوں نے اپنا قیمتی وقت اور خصوصی ساتھ دیا ہے۔ میں ان تمام کا مشکور وممنون ہوں۔ ادارۂ گُل بوٹے نے خصوصی طور پر مقبول ترین شعرا کرام مولانا الطاف حسین حالؔی، سیماؔب اکبرآبادی، نظیؔر اکبرآبادی، حفیظؔ جالندھری، تلوک چنؔد محروم، اسمٰعیلؔ میرٹھی، حامداللہ افسؔر میرٹھی، ساحؔر لدھیانوی، شفیع الدین نیّؔر وغیرہ کا علیحدہ انتخاب شائع کیا ہے۔ اس لیے اس انتخاب میں اِن شعرا کی نظمیں شامل نہیں ہیں۔

اللہ ربّ العالمین سے دُعا ہے کہ گُل بوٹے کے بانی و مدیر فاروق سیّد صاحب اور ادارۂ 'گل بوٹے' سے منسلک تمام ذمے داران کو ہر لمحہ اپنی رحمتوں سے سرفراز کرے۔ آمین ثم آمین!

آصفؔ اقبال

'بیت الشمیم'، 321/44،
مسلم بادشاہ پیٹھ، سولاپور-۵
M.: 9595353511

فہرست

نمبر	نظم کا عنوان	شاعر کا نام	صفحہ
۱	حمد	داغؔ دہلوی	۱۷
۲	حمد	علامہ راشدؔ الخیری	۱۸
۳	حمد	سرورؔ احمد	۱۹
۴	حمد	مولوی یوسف عزیزؔ	۲۰
۵	حمد	سلیمؔ شہزاد	۲۱
۶	حمد	ظفرؔ وارثی	۲۲
۷	حمد	روشؔ صدیقی	۲۳
۸	نیک ارادے	جوشؔ ملیح آبادی	۲۴
۹	میری پیاری چڑیوا بھی اور گاؤ	جوشؔ ملیح آبادی	۲۵
۱۰	جلوۂ قدرت	برقؔ دہلوی	۲۶
۱۱	آگے بڑھتے جاؤ	طاہرؔ لاہوری	۲۷
۱۲	مشورہ	مرزا سوداؔ دہلوی	۲۸
۱۳	زندہ دلی	نظمؔ طباطبائی	۲۹
۱۴	بلبل کا ذوقِ آزادی	مولوی غلام بھیک نیرنگؔ	۳۰
۱۵	پہلی جنگِ آزادی	عرشؔ ملسیانی	۳۲
۱۶	شہزادہ بے نظیر کی ولادت	میر حسنؔ	۳۳
۱۷	رات اور ریل	اسرارالحق مجازؔ	۳۴
۱۸	نوجوان سے	اسرارالحق مجازؔ	۳۵

۳۷	اسرار الحق مجاز		۱۹	خانہ بدوش	
۳۹	جاں نثار اختر		۲۰	ہم ایک ہیں	
۴۰	جاں نثار اختر		۲۱	جشنِ آزادی	
۴۲	جاں نثار اختر		۲۲	یہ دُنیا حسین ہے	
۴۳	سلام مچھلی شہری		۲۳	سڑک بن رہی ہے	
۴۴	مرزا شوق لکھنوی		۲۴	دنیا کا کارخانہ	
۴۵	پنڈت برج نرائن چکبست لکھنوی		۲۵	لڑکیوں سے خطاب	
۴۶	پنڈت برج نرائن چکبست لکھنوی		۲۶	دل سے پیارا وطن	
۴۷	پنڈت برج نرائن چکبست لکھنوی		۲۷	خاکِ ہند	
۴۹	پنڈت برج نرائن چکبست لکھنوی		۲۸	مذہب شاعرانہ	
۵۰	مرزا سلامت علی دبیر		۲۹	صبح کا منظر	
۵۱	ن۔م۔راشد		۳۰	تو میرے ساتھ کہاں جائے گی	
۵۳	کیفی اعظمی		۳۱	میرے ساتھ ہی چلنا ہے تجھے	
۵۵	علی سردار جعفری		۳۲	ترانۂ اُردو	
۵۷	ساغر نظامی		۳۳	بڑھے چلو	
۵۸	سیّد وجاہت حسین		۳۴	ہمدردی	
۵۹	نیاز حیدر		۳۵	امن کا دیپ	
۶۱	یوسف ناظم		۳۶	سونامی	
۶۳	بدر عالم خان		۳۷	آم	
۶۵	شفق رضوی عماد پوری		۳۸	وقت	
۶۷	احمد علی شوق قدوائی		۳۹	پھول کی فریاد	

۶۹	امیر اللہ نشاط		۴۰	مچھیرا	
۷۰	شہزاد لکھنؤ		۴۱	سہانا موسم	
۷۱	علامہ محوی صدیقی		۴۲	گرمی	
۷۲	پروفیسر غلام دستگیر شہاب		۴۳	اُستاد	
۷۳	مظفر حنفی		۴۴	مزدور کی عظمت	
۷۴	شہباز حسین		۴۵	میری سائیکل	
۷۵	رفیع احمد		۴۶	نیوٹن	
۷۶	عبدالاحد ساز		۴۷	کفایت شعاری	
۷۷	عبدالاحد ساز		۴۸	تاروں نے بچوں کو پکارا	
۷۸	یوسف ظفر		۴۹	اَسرار	
۷۹	مخدوم محی الدین		۵۰	آزادئ وطن	
۸۰	مخدوم محی الدین		۵۱	مستقبل	
۸۱	زبیر رضوی		۵۲	یہ میرا ہندوستان	
۸۲	محمد حسین آزاد		۵۳	محبِ وطن	
۸۴	منظور ہاشمی		۵۴	پھول اور بچے	
۸۵	حسن آبادی		۵۵	فطرت کا سبق	
۸۶	ضمیر درویش		۵۶	قلم اور کتاب	
۸۷	وفا فرخ آبادی		۵۷	موٹر سائیکل	
۸۸	جگن ناتھ آزاد		۵۸	نٹ کھٹ بچّی	
۸۹	شمس دیوبندی		۵۹	چوہا بلّی	
۹۰	خلیل محمودی		۶۰	رس کی کھیر	

۹۱	ڈاکٹر عصمت جاوید	ننھی بوند کا حوصلہ	۶۱		
۹۲	علامہ شبلی نعمانی	عدلِ فاروقی	۶۲		
۹۴	سیّد محمد بے نظیر شاہ	برسات کا موسم	۶۳		
۹۵	سیّد محمد بے نظیر شاہ	پھل اور پھول	۶۴		
۹۶	سکندر علی وجد	جگنو	۶۵		
۹۷	کیف احمد صدیقی	صبح	۶۶		
۹۸	سعادت نظیر	صبح کے نظارے	۶۷		
۹۹	فیض لدھیانوی	کام اور زندگی	۶۸		
۱۰۰	حرمت الاکرام	مسکراؤ	۶۹		
۱۰۱	قیوم نظر	ہوا	۷۰		
۱۰۲	رضی اختر شوق	محنت کی عظمت	۷۱		
۱۰۳	روش صدیقی	ترانہ	۷۲		
۱۰۴	روش صدیقی	شبنم	۷۳		
۱۰۵	مسلّم مالیگانوی	تہذیب کا باغ	۷۴		
۱۰۶	مجاز امان	بچوں کا ترانہ	۷۵		
۱۰۷	اخترالایمان	نیا شہر	۷۶		
۱۰۸	اخترالایمان	اعتماد	۷۷		
۱۰۹	عطاء الرحمٰن طارق	دھیرے دھیرے	۷۸		
۱۱۰	سلیمان خطیب	شاعر اور اس کی بیوی	۷۹		
۱۱۲	نجم آفندی	چھوٹے بڑے	۸۰		
۱۱۳	یوسف نرمل	آنکھیں	۸۱		

۸۲	گاؤں کی زندگی	عبدالرحیم نشتر	۱۱۴
۸۳	زمینِ وطن	اختر نزائں مُلا	۱۱۵
۸۴	ماں	ظفر گورکھپوری	۱۱۷
۸۵	خلائی گاڑی	ظفر گورکھپوری	۱۱۹
۸۶	درخت میرا دوست	ظفر گورکھپوری	۱۲۰
۸۷	سنجری بلّے باز	ظفر گورکھپوری	۱۲۱
۸۸	باجی کی شادی	ظفر گورکھپوری	۱۲۳
۸۹	ہمارے پڑوسی	ظفر گورکھپوری	۱۲۵
۹۰	آؤ دسترخوان بچھائیں	مائل خیرآبادی	۱۲۶
۹۱	کاغذ کی ناؤ	اختر شیرانی	۱۲۷
۹۲	ارادے	اختر شیرانی	۱۲۸
۹۳	اُس سے کہہ دوں گا (لطیفہ)	اختر شیرانی	۱۳۰
۹۴	ایک لڑکی کا گیت	اختر شیرانی	۱۳۲
۹۵	برکھا رُت	اختر شیرانی	۱۳۳
۹۶	اوصبح کے ستارے	اختر شیرانی	۱۳۴
۹۷	شیرینی گفتار	گوپال متّل	۱۳۶
۹۸	خیرالبشر	ماہرالقادری	۱۳۷
۹۹	التجا برائے آب (مرثیہ)	مرزا سلامت علی دبیر	۱۳۹
۱۰۰	بھائی کا بہن سے رخصت ہونا (مرثیہ)	میرانیس	۱۴۱
۱۰۱	حضرت علی اصغرؑ کی شہادت (مرثیہ)	ڈاکٹر وحید اختر	۱۴۳

غزلیات

صفہ	شاعر کا نام	غزلیں	نمبر
۱۴۵	میر تقی میر	غزل	۱
۱۴۶	میر تقی میر	غزل	۲
۱۴۷	میر تقی میر	غزل	۳
۱۴۸	میر تقی میر	غزل	۴
۱۴۹	میر تقی میر	غزل	۵
۱۵۰	خواجہ میر درؔد	غزل	۶
۱۵۱	خواجہ میر درؔد	غزل	۷
۱۵۱	خواجہ میر درؔد	غزل	۸
۱۵۲	خواجہ میر درؔد	غزل	۹
۱۵۳	بہادر شاہ ظفر	غزل	۱۰
۱۵۴	شیخ محمد ابراہیم ذوؔق	غزل	۱۱
۱۵۴	شیخ محمد ابراہیم ذوؔق	غزل	۱۲
۱۵۵	مومن خاں مومؔن	غزل	۱۳
۱۵۵	نواب مرزا خاں داؔغ دہلوی	غزل	۱۴
۱۵۶	نواب مرزا خاں داؔغ دہلوی	غزل	۱۵
۱۵۷	شیخ امام بخش ناؔسخ	غزل	۱۶
۱۵۸	آتش لکھنوی	غزل	۱۷
۱۵۸	جگر مراد آبادی	غزل	۱۸
۱۵۹	سید شاہ سراج الدین سراؔج اورنگ آبادی	غزل	۱۹

۱۶۰	مولانا فضل الحسن حسرت موہانی	غزل	۲۰
۱۶۱	مولانا فضل الحسن حسرت موہانی	غزل	۲۱
۱۶۲	اصغر حسین گونڈوی	غزل	۲۲
۱۶۳	سیّد انور حسین آرزو لکھنوی	غزل	۲۳
۱۶۴	سیّد انور حسین آرزو لکھنوی	غزل	۲۴
۱۶۵	پنڈت آنند نرائن مُلّا	غزل	۲۵
۱۶۶	سکندر علی وجد	غزل	۲۶
۱۶۶	سکندر علی وجد	غزل	۲۷
۱۶۷	ناصر کاظمی	غزل	۲۸
۱۶۸	منشی امیر احمد مینائی	غزل	۲۹
۱۶۹	پروین شاکر	غزل	۳۰
۱۷۰	اسرار الحسن خاں مجروح سلطانپوری	غزل	۳۱
۱۷۱	جاں نثار اختر	غزل	۳۲
۱۷۱	جاں نثار اختر	غزل	۳۳
۱۷۲	شاہد عزیز روش صدیقی	غزل	۳۴
۱۷۳	بدیع الزماں خاور	غزل	۳۵
۱۷۴	معین حسن جذبی	غزل	۳۶
۱۷۵	سیّد علی شاد عظیم آبادی	غزل	۳۷
۱۷۶	قتیل شفائی	غزل	۳۸
۱۷۷	مدحت الاختر	غزل	۳۹
۱۷۸ تا ۱۸۲	داغ، انیس، امجد، حالی، سہیل، فراق	رباعیات	۴۰
۱۸۳ تا ۱۸۴	ناسخ، سالک، میر حسن، جوہر، اکبر، واجد علی شاہ اختر، امیر، ذوق، ثاقب	منتخب اشعار	۴۱

حمد

داغؔ دہلوی

سبق ایسا پڑھا دیا تو نے
دل سے سب کچھ بھلا دیا تو نے

لاکھ دینے کا ایک دینا ہے
دلِ بے مدعا دیا تو نے

بے طلب جو ملا ملا مجھ کو
بے سبب جو دیا دیا تو نے

نارِ نمرود کو کیا گلزار
دوست کو یوں بچا دیا تو نے

جس قدر میں نے تجھ سے خواہش کی
مجھ کو اس سے سوا دیا تو نے

مجھ گنہ گار کو جو بخش دیا
تو جہنم کو کیا دیا تو نے

داغؔ کو کون دینے والا تھا
جو دیا اے خدا دیا تو نے

❖❖❖

حمد

علامہ راشد الخیری

حمدِ جنابِ باری رکھو زباں پہ جاری
وہ خالقِ جہاں ہے وہ رازقِ جہاں ہے
حاکم ہے بحر و بر کا مالک ہے خشک وتر کا
فرشِ زمیں ہے اس کا عرشِ بریں ہے اس کا
تو ہی شہِ جہاں ہے معبودِ اِنس و جاں ہے
ہر جا ظہور اس کا ہر شے میں نور اس کا
ہر چیز میں نہاں ہے ہر چیز سے عیاں ہے
ممکن نہیں کسی سے تعریف اس کی لکھے
توصیف اس خدا کی
کیا لکھّے مُشتِ خاکی

✤✤✤

حمد

سرورؔ احمد

سب کا تو حاجت رواں ہے اے خدا
ہر گھڑی انعام ہے ہم پر ترا

حد نہیں ہے تیرے احسانات کی
شکر تیرا ہو نہیں سکتا ادا

ہر کسی کو رزق پہنچاتا ہے تُو
کس کی ایسی شان ہے تیرے سوا

تیرے در کو چھوڑ کر جائیں کہاں
کون ہے تیرے سوا مشکل کُشا

تو ہی کرتا ہے مدد مظلوم کی
ہر مصیبت میں ہے تیرا آسرا

ہوگیا وہ دو جہاں میں سر بلند
تیرے کہنے پر عمل جس نے کیا

تیری چشمِ لطف کے محتاج ہیں
ہر گھڑی یا رب یہاں شاہ و گدا

❖ ❖ ❖

حمد

مولوی یوسف عزیزؔ

خداوندا کیے اِک کُن سے پیدا دو جہاں تو نے
زمیں تو نے ، زماں تو نے ، مکیں تو نے ، مکاں تو نے

سنا کر 'نحنُ اَقرب' چُھپ رہا ہے لاکھ پردوں میں
نہ بتلایا کسی کو اپنا یہ رازِ نہاں تو نے

بہارِ عالمِ اِمکاں ہے تیرے ابرِ رحمت سے
دِکھائیں گلشنِ ایجاد میں نیرنگیاں تو نے

چمن کو تازگی دے دی ، گُلوں کو رنگ و بُو بخشا
رکھی ہے بلبلوں کے لب پہ گُل کی داستاں تو نے

کسے محروم رکھّا تو نے اپنے فیضِ بخشش سے
اگر نرگس کو آنکھیں دیں تو سوسن کو زباں تو نے

گنہ گاروں پہ یا رب کس قدر احسان ہے تیرا
اُتارا آسمانوں سے شفیعِ عاصیاں تو نے

قبولِ جاوداں ہو ایسی تاثیرِ بیاں بھی دے
عزیزِؔ ناتواں کو دی ہے جب یا رب زباں تو نے

❖❖❖

حمد

سلیم شہزاد

زمیں ، چاند ، سورج ، ستارے خدا کے
یہاں سے وہاں تک نظارے خدا کے
خدا آسماں پر سجاتا ہے بادل
ہوئے جن سے سرسبز کھیت اور جنگل
وہی تو بہاتا ہے ندیوں میں پانی
ہے پانی سے جاں‌دار کی زندگانی
وہی بھیجتا ہے ہواؤں کے جھونکے
کبھی گرم گرم اور کبھی ٹھنڈے ٹھنڈے
درختوں پہ پھل پھول پتّے لگائے
وہ مٹی پہ سبزے کی چادر بچھائے
پرندوں کو اس نے سِکھائے ہیں گانے
یہ گانے ہیں حمدِ خدا کے ترانے
اُسی کے اشارے پہ دن رات چلتے
یہ سورج ، یہ چاند اور تارے نکلتے
اُسی نے دیے ہم کو ماں باپ پیارے
یہ ماں باپ پیارے ، ہمارے سہارے
ہماری دعا بس یہی ہے ، خدایا
ہمارے سروں پر رہے اُن کا سایا

حمد

ظفؔر وارثی

اےُ خدا ، یہ جہاں توُ نے پیدا کیا
شکر تیرا کریں کِس طرح ہم ادا
یہ زمیں یہ فلک ، سب میں تیری جھلک
سب سے لیکن جدا ، اے خدا اے خدا

ہر سحر پھوٹتی ہے نئے رنگ سے
سبزہ و گل کِھلیں سینۂ سنگ سے
جس نے کی جستجو مل گیا اس کو توُ
سب کا توُ رہنما ، اے خدا اے خدا

چاند سورج تری روشنی کے نشاں
پتھروں کو بھی توُ نے عطا کی زباں
جانور ، آدمی ، کر رہے ہیں سبھی
تیری حمد و ثنا ، اے خدا اے خدا

تو نے بخشی ہے اپنی خلافت مجھے
شوقِ سجدہ بھی کر اب عنایت مجھے
خم رہے میرا سر ، تیری دہلیز پر
ہے یہی التجا ، اے خدا اے خدا

❖❖❖

حمد

روشن صدیقی

آغاز تیرے نام سے　　اے کارسازِ دو جہاں
رحمت تری سب سے سوا　　تو سب سے بڑھ کر مہرباں

اے مالکِ روزِ جزا
ہم کو دِکھا راہِ ہدیٰ

سب حمد ہے تیرے لیے　　اے سب جہانوں کے خدا
لاریب تو ہے مہرباں　　سب مہربانوں سے سوا

اے مالکِ روزِ جزا
ہم کو دِکھا راہِ ہدیٰ

کرتے ہیں تیری بندگی　　کوئی نہیں تیرے سوا
لیتے ہیں تجھ سے ہی مدد　　تیرے سوا کیا آسرا

اے مالکِ روزِ جزا
ہم کو دِکھا راہِ ہدیٰ

وہ اہلِ حق وہ باصفا　　کوئی نہیں تیرے سوا
لیتے ہیں تجھ سے ہی مدد　　تیرے سوا کیا آسرا

اے مالکِ روزِ جزا
ہم کو دِکھا راہِ ہدیٰ

نیک ارادے

جوش ملیح آبادی

علم و عمل کا شوق بڑھاتے رہیں گے ہم
سوئے ہوئے دلوں کو جگاتے رہیں گے ہم

پرچم اُڑا اُڑا کے فضاؤں میں دوستو
بیداریوں کے گیت سناتے رہیں گے ہم

شیریں کلامیاں ہی مسرت کے پھول ہیں
یہ پھول ہر قدم پہ کِھلاتے رہیں گے ہم

گرتے ہوؤں کو بڑھ کے اٹھانا ہے خاک سے
ذرّہ کو آفتاب بناتے رہیں گے ہم

اپنوں ہی سے وفورِ محبت رہی تو کیا
غیروں کو بھی گلے سے لگاتے رہیں گے ہم

ہر موڑ پر دِکھا کے ہدایت کی مشعلیں
بھٹکے ہوؤں کو راہ پہ لاتے رہیں گے ہم

اپنے پڑوسیوں کی بھی لازم ہے خدمتیں
یہ فرض سب کو یاد دِلاتے رہیں گے ہم

آنکھیں دِکھائیں برق و بلا شوق سے ہمیں
برق و بلا سے آنکھ ملاتے رہیں گے ہم

القصّہ اپنی منزلِ مقصود کی طرف
بڑھتے رہیں گے سب کو بڑھاتے رہیں گے ہم

✤✤✤

میری پیاری چڑیو ابھی اور گاؤ

جوشؔ ملیح آبادی

مہکتے ہوئے پھول کے پاس آؤ
لچکتی ہوئی شاخ پر بیٹھ جاؤ
ہوا میں کبھی اُڑ کے بازو ہِلاؤ
کبھی صاف چشموں میں غوطہ لگاؤ
یوں ہی پیاری چڑیو ابھی اور گاؤ

پھدک کر اِدھر سے اُدھر دور جاؤ
چہک کر اُدھر سے اِدھر پر ہلاؤ
چمک کر کبھی شاخ پر پچھاؤ
اچھل کر کبھی نہر پر گنگناؤ
یوں ہی پیاری چڑیو ابھی اور گاؤ

کبھی برگِ تازہ کو منھ میں دباؤ
کبھی کنج میں بیٹھ کر دل لُبھاؤ
کبھی گھاس پر بیٹھ کر دل لُبھاؤ
کبھی جا کے بیلوں کو جھوُلا جُھلاؤ
یوں ہی پیاری چڑیو ابھی اور گاؤ

میں بیتاب ہوں مجھ کو جلوہ دکھاؤ
میں گمراہ ہوں مجھ کو رستہ بتاؤ
نہ جھجکو ، نہ سِمٹو نہ کچھ خوف کھاؤ
مرے پاس آؤ مرے پاس آؤ!
یوں ہی پیاری چڑیو ابھی اور گاؤ

جلوۂ قدرت

برقؔ دہلوی

یہ جاں فروز نظارے ، یہ رنگِ باغِ جہاں
یہ صبح و شام کے جلوے یہ دِل فریب سماں

یہ کِشت زار ، یہ سبزہ ، یہ وادئ گُل پوش
سکونِ دشت ، یہ صحرا کا منظر خاموش

یہ آفتابِ لبِ بام و شامِ نورانی
یہ چرخ پر مہِ تاباں کی جلوہ افشانی

یہ شب کے پردے میں گوہر فشانئ شبنم
یہ نور صبح ، یہ تاروں کی محفلِ برہم

یہ سرد سرد ہوا ، موسمِ زمستاں کی
یہ عہدِ گُل ، یہ فضا گلشن و بیاباں کی

یہ جھلملاتے ہوئے اوجِ چرخ پر تارے
سوادِ شام و بہارِ شفق کے نظارے

فرازِ کوہ سے گِرنا یہ آبشاروں کا
اندھیری رات ، یہ پانی میں عکس تاروں کا

یہ سب کرشمے میں ہیں کس کے؟ خدا کی قدرت کے
یہ سارے جلوے ہیں کس کے؟ خدا کی قدرت کے

آگے بڑھتے جاؤ

طاہر لاہوری

پیارے بچّو ، پیارے بچّو ! آگے بڑھتے جاؤ
علم کے سورج کی کرنوں سے دنیا کو چمکاؤ
صبح سویرے ڈالی ڈالی ننھی چڑیاں چہکیں
بوٹا بوٹا ، غنچہ غنچہ ، پیاری کلیاں مہکیں
دیس دیس کے سارے بچّوں کو یہ گیت سناؤ
پیارے بچّو ، پیارے بچّو ! آگے بڑھتے جاؤ
وقت کا دریا بہتا جائے ، یہ پیغام سنائے
میرے دامن میں گوہر ہیں جو ڈھونڈے سو پائے
نور کا دھارا بن کر بچّو ، روشنیاں پھیلاؤ
پیارے بچّو ، پیارے بچّو ! آگے بڑھتے جاؤ
رات کو ساری دنیا سوئے ، جاگیں چاند ستارے
تاریکی کے دریا میں لگتے ہیں کتنے پیارے
تم بھی جہل کی تاریکی میں علم کے دیپ جلاؤ
پیارے بچّو ، پیارے بچّو ! آگے بڑھتے جاؤ
محنت اور ہمّت کی خوشبو پھیلے آنگن آنگن
بستی بستی ، وادی وادی تم سے ہوگی روشن
پھول پھول کی صورت مہکو ، چمن چمن مہکاؤ
پیارے بچّو ، پیارے بچّو ! آگے بڑھتے جاؤ

مشورہ

مرزا سوداؔ دہلوی

کیا کلام یہ سوداؔ سے ایک غافل نے
کسی سے ربط کوئی زیرِ آسماں نہ کرے

کیا جو تجربہ ان دوستوں کو بد پایا
بدی کا جن پہ کسی طرح دلِ گماں نہ کرے

یہ سن کے اس سے کہا مسکرا کے سوداؔ نے
شکایت اتنی کسی کی کوئی بیاں نہ کرے

بھلے بُرے کے تجھے امتحان سے کیا کام
یہ شکر کر کہ تجھے کوئی امتحاں نہ کرے

❖❖❖

زندہ دلی

نظم طباطبائی

تو ہمیشہ رہتا ہے چیں بر جبیں افسردہ دِل
پھر کسی کی بزمِ عشرت میں نہ جا بہرِ خدا

چاہیے اس طرح جانا محفلِ احباب میں
باغ میں جس طرح خوش خوش آتی ہے بادِ صبا

خیر مقدم کا اشارہ جھوم کر کرتی ہے شاخ
اور چٹک کر دیتی ہیں کلیاں صدائے مرحبا

دِل پہ جو گزرے وہ گزرے کیوں کسی کو ہو خبر
سب سے بڑھ کر ہے خداتو حال دل کا جانتا

شادی وغم جبکہ دونوں ہیں جہاں میں بے ثبات
وقت اپنا کاٹ دے ہنس بول کر مردِ خدا

❖❖❖

بلبل کا ذوقِ آزادی

مولوی غلام بھیک نیرنگ

قفس میں بلبلِ نالاں کی جب بے تابیاں دیکھیں
تو از راہِ عنایت ایک دن صیّادیوں بولا

"یہ بے تابی تری، اے مُشتِ پَر! ہے سخت نادانی
یہ راحت ہے سراسر جس کو تو نے قید ہے سمجھا

وہ تیرا آشیانہ جس کو تو دن رات روتی ہے
وہ آخر کیا تھا؟ بس اِک ڈھیر تھا تنکوں کا بے ڈھنگا

قفس کو دیکھ کاری گر نے کیا اچھا بنایا ہے
تناسب کا نمونہ ،خوب صورت ، خوشنما ، ستھرا

عبث اس وحشیانہ زندگی کو یاد کرتی ہے
نہیں ، افسوس! تجھ پر کچھ اثر عہدِ ترقّی کا

کبھی صرصر کے حملے تھے ،کبھی تھے برق کے دھاوے
وہ تیرا آشیانہ آفتوں کا اک نشانہ تھا

محافظ کون تیری جان کا تھا صحنِ گُلشن میں
کوئی طائر شکاری تجھ کو چپکے سے جھپٹ لیتا

قفس کیا ہے ، حصارِ عافیت ہے تو اگر سمجھے
نہ اندر سے کوئی ڈر ہے نہ باہر سے کوئی کھٹکا

ہَوا اور روشنی اور دانہ پانی سب میسّر ہے
مزے سے چہچہا اور حمد خالق کے ترانے گا

یہ فریاد وفغاں و آہ ، ناشکروں کی باتیں ہیں
اری ناداں! تجھے ممنون ہونا چاہئے میرا''

کہا بلبل نے ''اے صیّادِ مشفق! سچ کہا تو نے
تری راحت میں کیا شک ہے تری شفقت کا کیا کہنا

مگر حُبِ وطن اور ذوقِ آزادی عجب شئے ہے
چمن کی یاد دل سے جا نہیں سکتی کبھی اصلا

پرائے دِل کا دُکھ اے مہرباں! ایسا ہی ہوتا ہے
کسی کو کیا خبر ہے دوسرے پر کیا قلق گزرا

حقیقت میری بے تابی کی تجھ پر تب عیاں ہوتی
کہ میں صیاد ہوتی ، تو گرفتارِ قفس ہوتا''

پہلی جنگِ آزادی

پنڈت بال مکند عرشؔ ملسیانی

اب تک ہے لالہ فام سرنگاپٹم کی خاک
نامِ وطن پہ جس جگہ ٹیپو ہُوا ہلاک
اب تک سراج دولہ کی بنگال میں ہے دھاک
اس نے کیا تھا جس جگہ دامن عدو کا چاک

اِن کو سلام ہو ، یہ جری تھے ، دلیر تھے
غازی تھے ، سوُرما تھے ، بہادر تھے ، شیر تھے

میرٹھ سے ایک شعلہ اُٹھا، آگ بن گیا
دھاگا سا اک، عدو کے لیے ناگ بن گیا
اک لفظِ حُرّیت جو بڑھا، راگ بن گیا
بگڑا ہُوا، وطن کا جو تھا بھاگ بن گیا

نانا اُٹھا اِدھر تو اُدھر بخت خاں اُٹھا
تھمتا نہ تھا کسی سے جو سیلِ رواں اُٹھا

ہندوستاں کا شاہ ظفر تاجدار تھا
برجیس قَدْر لکھنؤ کا شہریار تھا
جھانسی میں ایک معرکۂ کارزار تھا
دُشمن پہ اور لکشمی بائی کا وار تھا

تُندی تھی ایسی حُبِ وطن کی ہواؤں میں
کٹ کٹ کے دُشمنوں کے اُڑے سر فضاؤں میں

تحسیں کا مستحق تھا کُنور سنگھ کا جلال
شیرِ نَبرد تانتیا ٹوپے تھا بے مثال
تھا احمد اللہ مردِ جری ، مردِ باکمال
ان کا مقابلہ کرے، کس کی تھی یہ مجال

ہر مورچے پہ شور دکھاتے رہے یہ لوگ
ہر سمت دشمنوں کو دباتے رہے یہ لوگ

❖❖❖

شہزادہ بے نظیر کی ولادت

میر حسنؔ

عجب صاحبِ حُسن پیدا ہوا — جسے مہر و مہ دیکھ شیدا ہوا
نظر کو نہ ہو حُسن پر اس کے تاب — اُسے دیکھ ، بے تاب ہو آفتاب
ہَوا وہ جو اس شکل سے دِل پذیر — رکھا نام اُس کا شہِ بے نظیر
خوَاصوں نے ، خواجہ سراؤں نے جا — کئی نذریں گزرانیاں اور کہا:
''مبارک تجھے اے شہِ نیک بخت — کہ پیدا ہوا وارثِ تاج و تخت''
یہ سنتے ہی مژدہ ، بچھا جا نماز — کیے لاکھ سجدے کہ ''اے بے نیاز!
تجھے فضل کرتے نہیں لگتی بار — نہ ہو تجھ سے مایوس ، اُمیدوار''
دُوگانہ غرض شکر کا کر ادا — تہیّہ کیا شاہ نے جشن کا
کہا جاؤ جو کچھ کہ درکار ہو — کہو خانساماں سے تیار ہو
نقیبوں کو بُلوا کے یہ کہہ دیا — کہ نقارخانے میں دو حکم جا
کہ نَوبت خوشی کی بجاویں تمام — خبر سن کے یہ شاد ہوں خاص و عام
نئے سِر سے عالم کو عِشرت ہوئی — کہ لڑکے کے ہونے کی نَوبت ہوئی
محل سے لگاتا بہ دیوانِ عام — عجب طرح کا اِک ہوا اژدہام
چلے لے کے نذریں وزیر و امیر — لگے کھینچنے زَر کے تودے فقیر
دیے شاہ نے شاہ زادے کے ناؤں — مشائخ کو اور پیرزادوں کو گاؤں

رات اور ریل

اسرار الحق مجاز

پھر چلی ہے ریل اسٹیشن سے لہراتی ہوئی
نیم شب کی خامشی میں زیرِ لب گاتی ہوئی

ڈگمگاتی ، جھومتی ، سیٹی بجاتی ، کھیلتی
وادی و کہسار کی ٹھنڈی ہوا کھاتی ہوئی

ناز سے ہر موڑ پہ کھاتی ہوئی سو پیچ و خم
اک دُلہن اپنی ادا سے آپ شرماتی ہوئی

رات کی تاریکیوں میں جھلملاتی ، کانپتی
پٹریوں پر دور تک سیماب جھنکاتی ہوئی

جیسے آدھی رات کو نکلی ہو اِک شاہی برات
شادیانوں کی صدا سے وجد میں آتی ہوئی

تیز تر ہوتی ہوئی منزل بہ منزل ، دَم بہ دَم
رفتہ رفتہ اپنا اصلی رُوپ دِکھلاتی ہوئی

سینۂ کُہسار پر چڑھتی ہوئی بے اختیار
ایک ناگن جس طرح مستی میں لہراتی ہوئی

اِک بگولے کی طرح بڑھتی ہوئی میدان میں
جنگلوں میں آندھیوں کا زور دکھلاتی ہوئی

ایک رَخشِ بے عناں کی برق رفتاری کے ساتھ
خندقوں کو پھاندتی ، ٹیلوں سے کتراتی ہوئی

پل پہ دریا کے دَمادَم کوندتی ، للکارتی
اپنی اس طوفان انگیزی پہ اِتراتی ہوئی

جستجو میں منزلِ مقصود کی دیوانہ وار
اپنا سَر دُھنتی فضا میں بال بکھراتی ہوئی

پیش کرتی بیچ ندّی میں چراغاں کا سماں
ساحلوں پر ریت کے ذرّوں کو چمکاتی ہوئی

رینگتی ، مُڑتی ، مچلتی ، تِلملاتی ، ہانپتی
اپنے دل کی آتش پنہاں کو بھڑکاتی ہوئی

منہ میں گھستی ہے سرنگوں کے یکایک دوڑ کر
دَندناتی ، چیختی ، چنگھاڑتی ، گاتی ہوئی

ڈال کر گزرے مناظر پر اندھیرے کا نقاب
اِک نیا منظر نظر کے سامنے لاتی ہوئی

ایک اِک حرکت سے اندازِ بغاوت آشکار
عظمتِ انسانیت کے زمزمے گاتی ہوئی

وہ ہوا میں سیکڑوں جنگی دُہل بجتے ہوئے
وہ بِگُل کی جانفزا آواز لہراتی ہوئی

الغرض اُڑتی چلی جاتی ہے بے خوف و خطر
شاعرِ آتش نَفس کا خون کھولاتی ہوئی

نوجوان سے

اسرار الحق مجاز

جلالِ آتش و برق و سحاب پیدا کر
اجل بھی کانپ اُٹھے وہ شباب پیدا کر
ترے خرام میں ہے زلزلوں کا راز نہاں
ہر ایک گام پر اک انقلاب پیدا کر
صدائے تیشۂ مزدور ہے ترا نغمہ
تو سنگ و خشت سے چنگ و رُباب پیدا کر
بہت لطیف ہے اے دوست تیغ کا بوسہ
یہی ہے جانِ جہاں اس میں آب پیدا کر
ترے قدم پہ نظر آئے محفلِ اَنجم
وہ بانکپن وہ اچھوتا شباب پیدا کر
ترا شباب امانت ہے ساری دُنیا کی
تو خارزارِ جہاں میں گلاب پیدا کر
سکون خواب ہے بے دست و پا ضعیفی کا
تو اِضطراب ہے خود اِضطراب پیدا کر

نہ دیکھ زہد کی تو عصمت گُنہ آلود
گنہ میں فطرتِ عصمت مآب پیدا کر
ترے جِلَو میں نئی جنّتیں نئے دوزخ
نئی جزائیں انوکھے عذاب پیدا کر
جو ہو سکے ہمیں پامال کرکے آگے بڑھ
نہ ہو سکے تو ہمارا جواب پیدا کر
بہے زمیں پہ جو میرا لہُو تو غم مت کر
اسی زمیں سے مہکتے گلاب پیدا کر
تو انقلاب کی آمد کا انتظار نہ کر
جو ہو سکے تو ابھی انقلاب پیدا کر

خانہ بدوش

اسرارالحق مجازؔ

بستی سے تھوڑی دور چٹانوں کے درمیاں
ٹھہرا ہوا ہے خانہ بدوشوں کا کارواں

اُن کی کہیں زمین نہ ان کا کہیں مکاں
پھرتے ہیں یونہی شام و سحر زیرِ آسماں

دھوپ اور ابر ، باد کے مارے ہوئے غریب
یہ لوگ وہ ہیں جن کو غلامی نہیں نصیب

اس کارواں میں طفل بھی ہیں ، نوجواں بھی ہیں
بوڑھے بھی ہیں ، مریض بھی ہیں ، ناتواں بھی ہیں

میلے پھٹے لباس میں کچھ دیویاں بھی ہیں
سب زندگی سے تنگ بھی ہیں سرگراں بھی ہیں

بیزار زندگی سے ہیں پیر و جواں سبھی
الطاف شہریار کے ہیں نوحہ خواں سبھی

ماتھے پہ سخت کوشئ پیہم کی داستاں
آنکھوں میں حزن و یاس کی گھنگھور بدلیاں

چہروں پہ تازیانۂ افلاس کے نشاں
ہر اک ادا سے بھوک کی بیتابیاں عیاں

پیسا اگر ملے تو حمیّت بھی بیچ دیں
روٹی کا آسرا ہو تو عزّت بھی بیچ دیں

آخر زمانہ ان کو سَتائے گا کب تلک
کب سے جلا رہا ہے ، جلائے گا کب تلک

کب سے مٹا رہا ہے ، مٹائے گا کب تلک
اُن کے لہو کو جوش نہ آئے گا کب تلک

مایوسیوں کی تہہ میں جنوں خیزیاں بھی ہیں
افلاس کی سرشت میں خوں ریزیاں بھی ہیں

ہم ایک ہیں

جاں نثار اختر

ایک ہے اپنی زمیں ایک ہے اپنا گگن
ایک ہے اپنا جہاں ایک ہے اپنا وطن
اپنے سب سکھ ایک ہیں اپنے سب غم ایک ہیں
آواز دو ہم ایک ہیں

اٹھو جوانان وطن باندھے ہوئے سر سے کفن
اٹھو دکن کی اور سے گنگ و جمن کی اور سے
پنجاب کے دل سے اٹھو ستلج کے ساحل سے اُٹھو
مہاراشٹر کی خاک سے دہلی کی ارضِ پاک سے
بنگال سے گُجرات سے کشمیر کے باغات سے
نیفا سے راجستھان سے کل خاکِ ہندوستان سے
آواز دو ہم ایک ہیں

✤✤✤

جشنِ آزادی

جاں نثار اختر

سینے سے آدھی رات کے
پھوٹی وہ سورج کی کرن
برسے وہ تاروں کے کنول
وہ رقص میں آیا گگن
آئے مبارک باد کو
کتنے شہیدانِ وطن
آزاد ہے آزاد ہے
آزاد ہے اپنا وطن
آزاد ہے اپنا وطن

اے رودِ گنگا گیت گا
اٹھلا کے چل موجِ جمن
ہاں اے ہمالہ جھوم جا
رقصاں ہو اے دشت و دمن
ہاں اے ایلورہ کے بُتو!
نغمہ سرا ہو نغمہ زن
آزاد ہے، آزاد ہے
آزاد ہے اپنا وطن
آزاد ہے اپنا وطن

اے پرچمِ سہ رنگ تو
اپنے وطن کی آبرؤ
تو ہے ہمارا ننگ و نام
ہم تجھ کو کرتے ہیں سلام
ہے زعفرانی سے عیاں
بے لوث خدمت کی لگن
سبزی سے تیری جلوہ گر
ہمّت ، جوانی ، بانکپن
ظاہر سفیدی سے تری
اِنسانیت ، پاکیزہ پن
آزاد ہے اپنا وطن
آزاد ہے اپنا وطن

اے پرچمِ سہ رنگ تو
اپنے وطن کی آبرؤ
تو ہے ہمارا ننگ و نام
ہم تجھ کو کرتے ہیں سلام
ہم تجھ کو کرتے ہیں سلام

یہ دنیا حسین ہے

جاں نثار اختر

جینے کی ہر طرح سے تمنّا حسین ہے
ہر شر کے باوجود یہ دنیا حسین ہے

دریا کی تُند باڑھ بھیانک سہی مگر
طوفاں سے کھیلتا ہُوا تنکا حسین ہے

صحرا کا ہر سکوت ڈراتا ہے تو کیا
جنگل کو کاٹتا ہوا رستہ حسین ہے

دِل کو ہلائے لاکھ گھٹاؤں کی گھن گرج
مِٹّی پہ جو گرا ہے وہ قطرہ حسین ہے

راتوں کی تیرگی ہے جو پُر ہول، غم نہیں
صبحوں کا جھانکتا ہوا چہرہ حسین ہے

ہوں لاکھ کوہسار بھی حائل تو کیا ہوا
پَل پَل چمک رہا ہے وہ تیشہ حسین ہے

لاکھوں صعوبتوں کا اگر سامنا بھی ہو
ہر جہد، ہر عمل کا تقاضا حسین ہے

سڑک بن رہی ہے

سلاّم مچھلی شہری

مئی کے مہینے کا مانوس منظر
غریبوں کے ساتھی یہ کنکر یہ پتھر
وہاں شہر سے ایک ہی میل ہٹ کر سڑک بن رہی ہے

زمیں پر کُدالوں کو برسا رہے ہیں
پسینے پسینے ہوئے جا رہے ہیں
مگر اس مشقّت میں بھی گا رہے ہیں سڑک بن رہی ہے

مصیبت ہے کوئی مسرّت نہیں ہے
انھیں سوچنے کی بھی فُرصت نہیں ہے
'جمعدار' کو کچھ شکایت نہیں ہے سڑک بن رہی ہے

جواں نوجواں اور خمیدہ کمر بھی
فسردہ جبیں بھی ، بہشتِ نظر بھی
وہیں شامِ غم بھی ، جمالِ سحر بھی سڑک بن رہی ہے

جمعدار سایے میں بیٹھا ہوا ہے
کسی پر اسے کچھ عتاب آگیا ہے
کسی کی طرف دیکھ کر ہنس رہا ہے سڑک بن رہی ہے

✤✤✤

دنیا کا کارخانہ

مرزا شوق لکھنوی

جائے عبرت سرائے فانی ہے
موردِ مرگِ ناگہانی ہے
اونچے اونچے مکان تھے جن کے
آج وہ تنگ گور میں ہیں پڑے
کل جہاں پر شگوفہ و گل تھے
آج دیکھا تو خار بالکل تھے
جس چمن میں تھا بلبلوں کا ہجوم
آج اس جا ہے آشیانۂ بوم
بات کل کی ہے نوجوان تھے جو
صاحبِ نوبت و نشان تھے جو
آج خود ہیں نہ ہے مکاں باقی
نام کو بھی نہیں نِشاں باقی
جو کہ تھے بادشاہِ ہفت اقلیم
ہوئے جا جا کے زیرِ خاک مقیم
کوئی لیتا نہیں اب اس کا نام
کون سی گور میں گیا بہرام
اب نہ رستم نہ سام باقی ہے
اک فقط نام ہی نام باقی ہے
کل جو رکھتے تھے اپنے فرق پہ تاج
آج ہیں فاتحہ کو وہ محتاج
تھے جو خودسر جہان میں مشہور
خاک میں مِل گیا سب اُن کا غرور
تاج میں جن کے ٹکتے تھے گوہر
ٹھوکریں کھاتے ہیں وہ کاسۂ سر
رشکِ یوسف جو تھے جہاں میں حسیں
کھا گئے ان کو آسماں و زمیں
ہر گھڑی مُنقلِب زمانہ ہے
یہی دنیا کا کارخانہ ہے
موت سے کس کو رستگاری ہے
آج وہ کل ہماری باری ہے

✤✤✤

لڑکیوں سے خطاب

چکبستؔ لکھنوی

رَوشِ خام پہ مردوں کی نہ جانا ہرگز
داغ تعلیم میں اپنی نہ لگانا ہرگز
نام رکھا ہے نمائش کا ترقی و رِفارم
تم اِس انداز کے دھوکے میں نہ آنا ہرگز
رنگ ہے جن میں مگر بوئے وفا کچھ بھی نہیں
ایسے پھولوں سے نہ گھر اپنا سجانا ہرگز
نقل یؤرپ کی مناسب ہے مگر یاد رہے
خاک میں غیرتِ قومی نہ ملانا ہرگز
رنگ و رَوغن تمھیں یورپ کا مبارک لیکن
قوم کا نقش نہ چہرے سے مٹانا ہرگز
تم کو قدرت نے جو بخشا ہے حیا کا زیور
مول اس کا نہیں قارؤں کا خزانا ہرگز
دل تمھارا ہے وفاؤں کی پرستش کے لیے
اس محبت کے شِوالے کو نہ ڈھانا ہرگز
پروَرِش قوم کی دامن میں تمھارے ہوگی
یاد اِس فرض کی دل سے نہ بُھلانا ہرگز
ہم تمھیں بھول گئے اس کی سزا پاتے ہیں
تم ذرا اپنے تئیں بھول نہ جانا ہرگز

❖❖❖

دل سے پیارا وطن

برج نارائن چکبستؔ

یہ ہندوستاں ہے ہمارا وطن
محبت کی آنکھوں کا تارا وطن
ہمارا وطن دل سے پیارا وطن

وہ ہریالے کھیتوں کی تیّاریاں
وہ پھل پھول پودے وہ پھلواریاں
ہمارا وطن دل سے پیارا وطن

ہوا میں درختوں کا وہ جھومنا
وہ پتّوں کا پھولوں کا منہ چومنا
ہمارا وطن دل سے پیارا وطن

وہ ساون میں کالی گھٹا کی بہار
وہ برسات کی ہلکی ہلکی پھوار
ہمارا وطن دل سے پیارا وطن

وہ باغوں میں کوئل ، وہ جنگل میں مور
وہ گنگا کی لہریں ، وہ جمنا کا زور
ہمارا وطن دل سے پیارا وطن

اسی سے تو ہے زندگی کی بہار
وطن کی محبت ہو یا ماں کا پیار
ہمارا وطن دل سے پیارا وطن

خاکِ ہند

پنڈت برج نرائن چکبستؔ

اے خاکِ ہند تیری عظمت میں کیا گماں ہے
دریائے فیضِ قدرت تیرے لیے رواں ہے
تیری جبیں سے نورِ حُسنِ ازل عیاں ہے
اللہ رے زیب وزینت ،کیا اوجِ عزّوشاں ہے
ہر صبح ہے یہ خدمت خورشیدِ پُرضیا کی
کرنوں سے گوندھتا ہے چوٹی ہمالیا کی

اس خاکِ دل نشیں سے چشمے ہوئے وہ جاری
چین و عرب میں جن سے ہوتی تھی آب یاری
سارے جہاں پہ جب تھا وحشت کا ابر طاری
چشم و چراغِ عالم تھی سرزمیں ہماری
شمعِ ادب نہ تھی جب یوناں کی انجمن میں
تاباں تھا مہر دانش اس وادیٔ کُہن میں

گوتم نے آبرو دی اس معبدِ کہن کو
سرمد نے اس زمیں پر صدقے کیا وطن کو
اکبر نے جام اُلفت بخشا اس انجمن کو
سینچا لہو سے اپنے رانا نے اس چمن کو
سب سور بیر اپنے اس خاک میں نہاں ہیں
ٹوٹے ہوئے کھنڈر ہیں یا ان کی ہڈّیاں ہیں

دیوار و در سے اب تک ان کا اثر عیاں ہے
اپنی رگوں میں اب تک اُن کا لہو رواں ہے
اب تک اثر میں ڈوبی ناقوس کی فغاں ہے
فردوس گوش اب تک کیفیتِ اذاں ہے

کشمیر سے عیاں ہے جنت کا رنگ اب تک
شوکت سے بہہ رہا ہے دریائے گنگ اب تک

ہے جوئے شیر ہم کو نور سحر وطن کا
آنکھوں کی روشنی ہے جلوہ اِس انجمن کا
ہے رشک مہر ، ذرّہ اِس منزل کہن کا
ملتا ہے برگِ گُل سے کانٹا بھی اس چمن کا

گرد وغباریاں کا خلعت ہے اپنے تن کو
مر کر بھی چاہتے ہیں خاکِ وطن کفن کو

❖❖❖

مذہبِ شاعرانہ

برج نرائن چکبستؔ لکھنوی

کہتے ہیں جسے ابر وہ میخانہ ہے میرا — جو پھول کھِلا باغ میں پیمانہ ہے میرا
کیفیتِ گلشن ہے مرے نشّہ کا عالم — کوئل کی صدا نعرۂ مستانہ ہے میرا
پیتا ہوں وہ مئے نشّہ اُترتا نہیں جس کا — خالی نہیں ہوتا ہے وہ پیمانہ ہے میرا
دَریا مرا آئینہ ہے لہریں مرے گیسو — اور موجِ نسیمِ سحری شانہ ہے میرا
ہر ذرّۂ خاکی ہے مرا مونسِ و ہمدم — دنیا جسے کہتے ہیں وہ کاشانہ ہے میرا
جس جا ہو خوشی ہے وہ مجھے منزلِ راحت — جس گھر میں ہو ماتم وہ عزاخانہ ہے میرا
جس گوشۂ دُنیا میں پرستش ہو وفا کی — کعبہ ہے وہی اور وہی بُت خانہ ہے میرا
میں دوست بھی اپنا ہوں عدو بھی ہوں میں اپنا — اپنا ہے کوئی اور نہ بیگانہ ہے میرا
عاشق بھی ہوں معشوق بھی یہ طُرفہ مزا ہے — دیوانہ ہوں جس کا وہ دیوانہ ہے میرا
خاموشی میں یاں رہتا ہے تقریر کا عالم — میرے لبِ خاموش پہ افسانہ ہے میرا
کہتے ہیں خودی کس کو، خدا نام ہے کس کا — دُنیا میں فقط جلوۂ جانانہ ہے میرا
ملتا نہیں ہر ایک کو وہ نوُر ہے مجھ میں — جو صاحبِ بینش ہے وہ پروانہ ہے میرا

شاعر کا سخن کم نہیں مجذوب کی بڑ سے
ہر ایک نہ سمجھے گا وہ افسانہ ہے میرا

صبح کا منظر

مرزا سلامت علی دبیرؔ

پیدا شعاعِ مہر کی مِقراض جب ہوئی   پنہاں درازیٔ پرِ طاؤسِ شب ہوئی
اور قطع زلفِ لیلیٔ زہرہ لقب ہوئی   مجنوں صفت قبائے سحر چاک سب ہوئی
فکرِ رفو تھی چرخِ ہنرمند کے لیے
دِن چار ٹکڑے ہو گیا پیوند کے لیے
گُل گونۂ شفق جو مَلا حورِ صبح نے   اَسپند مشک شب کو کیا نورِ صبح نے
گرمی دِکھائی روشنیٔ طوُرِ صبح نے   ٹھنڈے چراغ کر دیے کافورِ صبح نے
لیلائے شب کے حسن کی دولت جو لُٹ
گئی
افشاں جبینِ مہر درخشاں سے چُھٹ گئی
پڑھ کر نقیبِ نور پکارا سحر سحر   تھی آسماں سے بارشِ رحمت شجر شجر
لوٹا سحر نے معدنِ شبنم گہر گہر   ذرّوں میں نورِ مہر در آیا قمر قمر
برقع جو اُٹھ گیا تھا رُخِ آفتاب کا
پردہ تھا فاش صبح مُلمّع نقاب کا
تازہ کیا نسیمِ سحر نے چمن کا رنگ   لالہ دکھا رہا تھا عقیقِ یمن کا رنگ
تھا موتیے کے پھولوں میں دُرِّعدن کا رنگ   غنچے کی بُو سے اُڑتا تھا مشکِ خُتن کا رنگ
کِھل کِھل کے پھول نافے کی صورت مہکتے تھے
ذکرِ خدا میں مرغِ خوش الحاں چہکتے تھے

❖❖❖

تو مرے ساتھ کہاں جائے گی

ن۔م۔راشد

تو مرے ساتھ کہاں جائے گی
میں تو اک عام سپاہی ہوں، مجھے
حکم ہے دوڑ کے منزل کے قدم لینے کا
اوراسی سعیِ جگر دوز میں جاں دینے کا
تو مرے ساتھ مری جان، کہاں جائے گی؟

تو مرے ساتھ کہاں جائے گی؟
راہ میں اونچے پہاڑ آئیں گے
دشتِ بے آب و گیاہ
اور کہیں رودِ عمیق
بے کراں، تیز و کف آلود و عظیم
اجڑے سنسان دیار
اور دشمن کے گراں ڈیل جواں
جیسے کہسار پہ دیودار کے پیڑ
ہر طرف خون کے سیلاب رواں
اک سپاہی کے لیے خون کے نظّاروں میں
جسم اور روح کی بالیدگی ہے
تو مگر تاب کہاں لائے گی
تو مرے ساتھ مری جان کہاں جائے گی؟

عمر گزری ہے غلامی میں مری
اس سے اب تک مری پرواز میں کوتاہی ہے!
زم زمے اپنی محبت کے نہ چھیڑ
اس سے اے جان! پر و بال میں آتا ہے جمود
دیکھ خوں خوار درندوں کے وہ غول
مرے محبوب وطن کو یہ نگل جائیں گے
ان سے ٹکرانے بھی دے
جنگِ آزادی میں کام آنے بھی دے
تو مرے ساتھ مری جان کہاں جائے گی؟

مرے ساتھ ہی چلنا ہے تجھے

کیفی اعظمی

جس میں جلتا ہوں اُسی آگ میں جلنا ہے تجھے
اُٹھ مری جان ! مرے ساتھ ہی چلنا ہے تجھے

تیرے قدموں میں ہے فردوسِ تمدن کی بہار
تیری نظروں پہ ہے تہذیب و ترقی کا مدار
تیری آغوش ہے گہوارۂ نفس و کردار
تا بہ کے گرد ترے وہم و تعیّن کا حصار
کوند کر مجلسِ خلوت سے نکلنا ہے تجھے
اُٹھ مری جان ! مرے ساتھ ہی چلنا ہے تجھے

گوشے گوشے میں سلگتی ہے چتا تیرے لیے
فرض کا بھیس بدلتی ہے قضا تیرے لیے
قہر ہے تیری ہر اک نرم ادا تیرے لیے
زہر ہی زہر ہے دنیا کی ہوا تیرے لیے
رُت بدل ڈال اگر پھولنا پھلنا ہے تجھے
اُٹھ مری جان ! مرے ساتھ ہی چلنا ہے تجھے

قدر اب تک تری تاریخ نے جانی ہی نہیں
تجھ میں شعلے بھی ہیں بس اشک فشانی ہی نہیں
تو حقیقت بھی ہے دل چسپ کہانی ہی نہیں
تیری ہستی بھی ہے اک چیز ، جوانی ہی نہیں
اپنی تاریخ کا عنوان بدلنا ہے تجھے
اُٹھ مری جان ! مرے ساتھ ہی چلنا ہے تجھے

تو فلاطون و ارسطو ہے ، تو زُہرہ پروین
تیرے قبضے میں ہے گردوں ، تری ٹھوکر میں زمیں
ہاں اُٹھا ، جلد اُٹھا ، پائے مقدر سے جبیں
میں بھی رُکنے کا نہیں ، وقت بھی رُکنے کا نہیں
لڑکھڑائے گی کہاں تک کہ سنبھلنا ہے تجھے
اُٹھ مری جان ! مرے ساتھ ہی چلنا ہے تجھے

❖❖❖

ترانۂ اُردو

علی سردار جعفری

ہماری پیاری زبان اُردو
ہمارے نغموں کی جان اُردو
حسین دلکش ،جوان اُردو
یہ وہ زباں ہے کہ جس کو گنگا کے جل سے پاکیزگی ملی ہے
اَوَدھ کی ٹھنڈی ہَوا کے جھونکوں میں جس کے دل کی کلی کِھلی ہے
جو شعر و نغمہ کے خلدزاروں میں آج کوئل سی کوکتی ہے
ہماری پیاری زبان اُردو
ہمارے نغموں کی جان اُردو
حسین دلکش ،جوان اُردو
اسی زباں میں ہمارے بچپن نے ماؤں سے لوریاں سنی ہیں
جوان ہوکر اسی زباں میں کہانیاں عشق نے کہی ہیں
اسی زباں کے چمکتے ہیروں سے علم کی جھولیاں بھری ہیں
ہماری پیاری زبان اُردو
ہمارے نغموں کی جان اُردو
حسین دلکش ،جوان اُردو

یہ وہ زباں ہے کہ جس نے زنداں کی تیرگی میں دیے جلائے
یہ وہ زباں ہے کہ جس کے شعلوں سے جل گئے پھانسیوں کے سائے
فرازِ دار و رسن سے بھی ہم نے سرفروشی کے گیت گائے
ہماری پیاری زبان اُردو
ہمارے نغموں کی جان اُردو
حسین دلکش، جوان اُردو

چلے ہیں گنگ و جمن کی وادی سے ہم ہَوائے بہار بن کر
ہمالیہ سے اُتر رہے ہیں ترانۂ آبشار بن کر
رواں ہیں ہندوستاں کی رگ رگ میں خون کی سرخ دھار بن کر
ہماری پیاری زبان اُردو
ہمارے نغموں کی جان اُردو
حسین دلکش، جوان اُردو

بڑھے چلو

ساغرؔ نظامی

سپوت ہو جو ملک کے تو بے گماں بڑھے چلو
رکے نہ اپنا کارواں بڑھے چلو بڑھے چلو
یہ خوفناک گھاٹیاں
یہ بدلیاں ہی بدلیاں
تمھیں ڈرا سکیں گی کیا
یہ رات کی سیاہیاں
سپاہیوں کے درمیاں بڑھے چلو بڑھے چلو
سپوت ہو جو ملک کے تو بے گماں بڑھے چلو
اُمید کی کرن ہو تم
ہرے بھرے چمن ہو تم
مہک اٹھے ہیں جس سے من
چمن کے وہ سمن ہو تم
نئی بہار کے ہو تم مزاج داں بڑھے چلو
سپوت ہو جو ملک کے تو بے گماں بڑھے چلو
قدم ذرا بڑھاؤ تو
اڑان اک دِکھاؤ تو
زمین تک رہے ہو کیا
نظر ذرا اُٹھاؤ تو
وہ دو قدم ہے آسماں بڑھے چلو بڑھے چلو
سپوت ہو جو ملک کے تو بے گماں بڑھے چلو

ہمدردی

سید وجاہت حسین

سردیوں کی صبح کو اک بچی پہنچی کھیت پر
دیکھی اِک چڑیا جو بیٹھی تھی پھیلائے اپنے پر
ننھی بچّی نے اُسے دیکھا تو یوں دل میں کہا
کیسی سردی لگ رہی ہوگی اسے میرے خدا
میرے جیسا ایک بھی کپڑا نہیں ہے اس کے پاس
ننھی بچّی کو اِدھر چڑیا کا تھا اِتنا خیال
اور اُدھر چڑیا کو بھی تھا ننھی بچّی کا ملال
کہہ رہی تھی کیسی پیاری پیاری بچّی ہے مگر
پاس اپنے میرے جیسے یہ نہیں رکھتی ہے پَر
اس کے پَر ہوتے تو یہ بھی اُن سے رہتی خوب گرم
یوں نہ سردی سے اکڑتے ہاتھ پاؤں نرم نرم
لگ رہی ہوگی اسے اس وقت سردی کس قدر
جانے کیوں یہ آگئی ہے اس طرف گھر چھوڑ کر
کُڑھ رہے تھے دونوں ہی اک دوسرے کے واسطے
دھوپ جب نکلی تو وہ مارے خوشی کے کِھل اُٹھے
دانہ چُگنے کے لیے پھر سے ادھر چڑیا اُڑی
اور اِدھر یہ ننھی بچّی کھیل میں اپنے لگی

✤✤✤

امن کا دیپ

نیاز حیدر

اٹھاؤ بیڑا کہ ایشیا میں کبھی غلامی نہیں رہے گی
پنپ سکے گا نہ کوئی فتنہ ، نظر میں خامی نہیں رہے گی
یہ ٹوٹی گاڑی نہیں چلے گی ، بد انتظامی نہیں رہے گی
ہم اس کو باقی نہ رہنے دیں گے جو شے عوامی نہیں رہے گی
بلند ہے زندگی کا پرچم جہاں کا نقشہ بدل رہا ہے
وہ جنگ کی تُند و تیز آندھی میں امن کا دیپ جل رہا ہے

سلامتی چلمنوں ، جھروکوں ، دریچوں ، دیداروں، درشنوں کی
سلامتی انتظار کی آنچ میں پگھلتی ہوئی شبوں کی
سلامتی سب عزیز بچوں ، حسیں کھلونوں کی ، پالنوں کی
تھپکتے جھولا جھلاتے ہاتھوں ، سہانی مرطوب لوریوں کی
سلام اُس پر جو گودیوں میں ہمک رہا ہے مچل رہا ہے
بلند ہے زندگی کا پرچم ، جہاں کا نقشہ بدل رہا ہے
وہ جنگ کی تُند و تیز آندھی میں امن کا دیپ جل رہا ہے

وفا کے مینار ،غم کے گنبد ، مزار کتنی محبتوں کے
عمارت آثار یادگاریں ، نقوش زندہ حقیقتوں کے
گندھے ہوئے سہرے شادیوں کے، کھلے ہوئے گُل عقیدتوں کے
کہاں کہاں اور کس قدر ہیں ، ثبوت انساں کی عظمتوں کے
یہ آدمی جو کسی زمانے میں بار دشت و جبل رہا ہے
بلند ہے زندگی کا پرچم جہاں کا نقشہ بدل رہا ہے
وہ جنگ کی تُندو تیز آندھی میں امن کا دیپ جل رہا ہے

حسین ہے وہ کلام جس سے مہک اٹھیں امن کے ترانے
عظیم ہے وہ پیام جس سے اُبل پڑیں زیست کے ترانے
ذلیل ہے وہ نظام جس میں اسیر ہوں گیت اور فسانے
بدل دیا ہو نہ جن کو ہم نے گناؤ ایسے بھی کچھ زمانے
ہمارے قدموں کی وجہ سے زندگی کا دستور چل رہا ہے
بلند ہے زندگی کا پرچم جہاں کا نقشہ بدل رہا ہے
وہ جنگ کی تُندو تیز آندھی میں امن کا دیپ جل رہا ہے

❖❖❖

سونامی

یوسفؔ ناظم

تالاب بھی ہے، جھیل بھی، آبِ رواں بھی ہے
بن جائے آبشار تو جنّت نشاں بھی ہے

پانی ہمارے واسطے وجہ اماں بھی ہے
جب تک یہ پُرسکون ہے نظمِ جہاں بھی ہے

آجائے طیش میں تو یہ آتش فشاں بھی ہے
قہر و عتاب بھی ہے قیامت نشاں بھی ہے

سیلاب ایسا آیا کہ گاؤں اُجڑ گئے
بچوں سے مائیں، ماؤں سے بچے بچھڑ گئے

اہل زمیں نے سانحہ ایسا نہیں سہا
آبادیوں کا نام و نشاں تک نہیں رہا

پانی کی موج حشر کا سامان بن گئی
فرشِ زمیں پہ موت کی چادر سی تن گئی

آفت کچھ ایسی آئی کہ سُدھ بدھ نہیں رہی
انساں کو آہ کرنے کی مہلت نہیں ملی

لاشیں شمار کرنے کی طاقت نہیں رہی
خلقِ خدا کو اس پہ بھی عبرت نہیں ہوئی

جنگ و جدل کا آج بھی انساں کو خبط ہے
ابلیس سے ہمارا کوئی ربط ضبط ہے

آم

بدرؔ عالم خان

ٹوٹ کر ڈالی سے جس دم ہاتھ میں آتا ہے آم
لذّتیں ہر دو جہاں کی ساتھ میں لاتا ہے آم

کھا کے پتھر گر پڑا اور پِس گیا پتھر تلے
اِک سبق ایثار کا دُنیا کو سِکھلاتا ہے آم

گرمیوں میں آ گیا تعبیر بن کر خواب کی
سردیوں میں پھر سنہرا خواب بن جاتا ہے آم

ٹوٹ سکتا ہوں مگر جھکنا مری فطرت نہیں،
بادِ صرصر کو یہ کہہ کر آنکھ دِکھلاتا ہے آم

اس سے بڑھ کر اور کیا ہو سادگی اور انکسار
خاص اس کا مرتبہ ہے پھر بھی کہلاتا ہے آم

پاؤں سے معذور ہے پر دیجیے ہمّت کی داد
یوں تو ''لنگڑا'' ہے مگر لندن پہنچ جاتا ہے آم

پہلے سب کو تھا میسّر ، کیا امیر اور کیا غریب
اب تو اپنے ملک سے عنقا ہوا جاتا ہے آم

لگ گئی اب اس کو بھی شاید زمانے کی ہوا
توڑ کر اپنوں کا دِل باہر چلا جاتا ہے آم

آسمانوں سے فرشتے دیکھتے ہیں رشک سے
جب زمیں پر کوئی بچہ شوق سے کھاتا ہے آم

ہم تو کہتے ہیں کہ ہندوستاں کا ہے یہ خاص پھل
مرحبا ! شاہِ ثمر دُنیا میں کہلاتا ہے آم

❖❖❖

وقت

شفیق رضوی عمادپوری

مسافر نہیں ہوں ٹھہر جانے والا　　اِدھر آنے والا اُدھر جانے والا
نہاں ہو کے شکلِ نظر جانے والا　　نگاہوں سے پل میں گُزر جانے والا
وہ ہوں آنے والا کہ جو آکے جائے
وہ ہوں جانے والا کہ جا کر نہ آئے
اگر آج آیا تو کل جانے والا　　میں ہوں ہاتھ آکر نکل جانے والا
کوئی آن میں ہوں بدل جانے والا　　زمیں پر میں سایہ ہوں ڈھل جانے والا
نہ کھو مجھ کو نادان غفلت میں سو کر
جو سوتے ہیں پاتے نہیں مجھ کو کھو کر
دِکھاتا ہوں نیرنگیٔ عمرِ فانی　　کبھی ہوں میں پیری، کبھی میں جوانی
جس انسان نے قدر میری نہ جانی　　لُٹا اُس کا سرمایۂ زندگانی
بڑی ہر گھڑی بیش قیمت ہے میری
بہت قدردانوں میں عزّت ہے میری

وہ دولت ہوں مفلس بنے جو لُٹائے   وہ نعمت ہوں جا کر نہ جو ہاتھ آئے

وہ قسمت ہوں خوش قسمتی سے جو پائے   جگہ اپنی ہر دل میں اِنساں بنائے

جو پیارا رکھے مجھ کو پیارا وہی ہے

دو عالم کی آنکھوں کا تارا وہی ہے

خبردار! اے بے خبر سونے والے   جو ہیں سونے والے وہ ہیں رونے والے

متاعِ گراں مایہ کے کھونے والے   ہیں آخر پشیماں بہت ہونے والے

جو رہرو ہے رہزن سے ہُشیار ہو جا

چلا قافلہ جلد بیدار ہو جا

❖ ❖ ❖

پھول کی فریاد

احمد علی شوقؔ قدوائی

کیا خطا میری تھی ظالم تو نے کیوں توڑا مجھے
کیوں نہ میری عمر ہی تک شاخ پہ چھوڑا مجھے
جانتا گر اس ہنسی کے دردناک انجام کو
میں ہوا کے گدگدانے سے نہ ہنستا نام کو
شاخ نے آغوش میں کس لطف سے پالا مجھے
تُو نے ملنے کے لیے بستر پہ لا ڈالا مجھے
تُو نے میری جان لی دَم بھر کی زینت کے لیے
کی جفا مجھ پر فقط تھوڑی سی فرحت کے لیے
دیکھ میرے رنگ کی حالت بدل جانے پہ ہے
پتّی پتّی ہو چلی بے آب مرجھانے پہ ہے
جس کی رونق تھا مَیں ، بے رونق وہ ڈالی ہوگئی
حَیف ہے بچّے سے ماں کی گود خالی ہوگئی

تتلیاں بے چین ہوں گی جب نہ مجھ کو پائیں گی
غم سے بھنورے روئیں گے اور بلبلیں چِلّائیں گی

دودھ شبنم نے پلایا تھا ملا وہ خاک میں
کیا خبر تھی یہ کہ ہے بے رحم گلچیں تاک میں

مہر کہتا ہے مری کرنوں کی سب محنت گئی
ماہ کو غم ہے کہ میری دی ہوئی رنگت گئی

دیدہ حیراں ہے کیاری باغباں کے دل پہ داغ
شاخ روتی ہے کہ ہے ہے گل ہوا میرا چراغ

میں بھی فانی تو بھی فانی سب ہیں فانی دہر میں
اک قیامت ہے مگر مرگِ جوانی دہر میں

✤✤✤

مچھیرا

امیر اللہ نشاط

ٹوٹے تیرے جال ... مچھیرے .... ٹوٹے تیرے جال

(۱)

ساحل کے چمکیلے پتھر چنتے بچپن بیتا
کشتی کی پتوار چلاتے باقی جیون بیتا
کاٹ دیں کتنی ہی برساتیں کھولے گیلے بال
مچھیرے کھولے گیلے بال

(۲)

نیلی نیلی گہرائی سے جیون امرت لایا
تپتی ریت پہ اکثر تو نے بھیگا جال سُکھایا
تیری چالاکی نے کھنگالا ساگر اور پاتال
مچھیرے ساگر اور پاتال

(۳)

تو نے کتنے دریا دھوئے اِک اِک موج ٹٹولی
اور مچھلی بازار پہنچ کر خالی کر دی جھولی
سونے کے پھل چننے والے ہاتھ ہوئے کنگال
مچھیرے ہاتھ ہوئے کنگال

(۴)

دھیرے دھیرے اپنے دُکھ کو جان گئے دُکھیارے
بگلا بن کر آ بیٹھا پھر کوئی جھیل کنارے
دھوکا کھانے والے مورکھ سمجھے اُس کی چال
مچھیرے سمجھے اُس کی چال

سُہانا موسم

بہزؔاد لکھنوی

ہے لبوں پر گُلوں کے ترانہ
آنے والا ہے موسم سُہانا
باغ پر چھائیں گی پھر بہاریں ہوں گی کوئل کی ہر سُو پکاریں
کلیاں سیکھیں گی پھر مسکرانا
آنے والا ہے موسم سُہانا
مست ہو کر چلیں گی ہوائیں ہوں گی رنگین ساری فَضائیں
ہوگا مشکل نظر کو بچانا
آنے والا ہے موسم سُہانا
صبح کی تازگی بھی بڑھے گی شام کی دلکشی بھی بڑھے گی
مسکرائے گا ہر سُو زمانہ
آنے والا ہے موسم سُہانا

گرمی

علامہ محوی صدیقی

کیا ہی گرمی پڑ رہی ہے آج کل
کل نہیں ملتی کسی کو ایک پل
تپ رہی ہے ریت ، پتھر گرم ہیں
گھر کی دیواریں ، چھتیں ، در، گرم ہیں
سیر کو باغوں میں کوئی جائے کیا
چل رہی ہے گرم ، شعلہ سی ہوا
ہوتا ہے چھڑکاؤ اکثر شام کو
صحن میں ٹھنڈک نہیں ہے نام کو
جسم سے گویا نکلتا ہے دُھواں
خشک لب ہیں اور سوکھی ہے زباں
لو اِدھر چھڑکا ، اُدھر سوکھی زمیں
کیوں نہ ہو دن بھر کی پیاسی تھی زمیں
ٹٹّیاں خس کی لگی ہیں آس پاس
برف کا ہے دور شدّت کی ہے پیاس
اللہ اللہ دھوپ کیسی تیز ہے
گرم ہر کمرے کی کُرسی ، میز ہے
ہر بچھونا ، چار پائی گرم ہے
چادریں ، تکیے ، رضائی ، گرم ہے
ہم رہے بے چین آدھی رات تک
تب کہیں مشکل سے جھپکی ہے پلک
ندّیاں سوکھی ہیں ، نالے خشک ہیں
کھیت اور باغوں کے تھالے خشک ہیں
سوکھ کر کانٹا ہوئے ہیں جانور
ہے بلا کی پیاس گرمی ، کس قدر
تپ رہے ہیں آگ سے سارے پہاڑ
جل رہے ہیں دھوپ کے مارے پہاڑ

دِن نہ کٹتا ہے نہ اب کٹتی ہے رات
چیخ اُٹھے لوگ ، یا رب دے نجات

اُستاد

پروفیسر غلام دستگیر شہابؔ

میرے اُستاد مہرباں ہیں آپ
خوش مزاج اور خوش زباں ہیں آپ
پیار کرتے ہیں ہم کو ماں کی طرح
باپ کی طرح مہرباں ہیں آپ
کس قدر پیار سے پڑھاتے ہیں
نرم گفتار ، خوش بیاں ہیں آپ
ہم ہیں رنگین پھول گلشن کے
اور گلشن کے باغباں ہیں آپ
آپ کو فکر بس ہماری ہے
کس قدر نیک پاسباں ہیں آپ
آپ علم و ادب سکھاتے ہیں
آپ انساں ہمیں بناتے ہیں
آپ کو ہمیشہ چاہیں گے
آپ کو ہم نہ بھول پائیں گے

مزدور کی عظمت

مظفر حنفی

بجلی ان کے ہاتھوں میں ان سے رونق راتوں میں
رائی کر دیں پربت کو یہ باتوں ہی باتوں میں
بے شک دُنیا قائم ہے
مزدوروں کی محنت پر

یہ دیواریں چُنتے ہیں مِل میں کپڑا بُنتے ہیں
ہم ٹی وی اور ٹیلی فون اُن کے دم سے سنتے ہیں
بے شک دنیا قائم ہے
مزدورں کی محنت پر

تانگا ، رِکشا چلتا ہے گھر گھر چولھا جلتا ہے
اِن کے ہاتھوں بھٹّی میں لوہا ، تانبا ، گلتا ہے
بے شک دُنیا قائم ہے
مزدوروں کی محنت پر

یہ ہنگامہ شہروں کا پانی ان سے نہروں کا
ان کے دم سے لرزے ہے دِل طوفانی لہروں کا
بے شک دُنیا قائم ہے
مزدوروں کی محنت پر

جب تک پودے جھومیں گے جب تک پہیے گھومیں گے
ان کے زخمی ہاتھوں کو دُنیا والے چوُمیں گے
بے شک دُنیا قائم ہے
مزدوروں کی محنت پر

میری سائیکل

شہباز حسین

سرکتی ہوئی ، سرسراتی ہوئی — لچکتی ہوئی ، تھرتھراتی ہوئی
کہیں کوُدتی اور لپکتی ہوئی — کہیں ناچتی اور تھرکتی ہوئی
چلی بھیڑ میں ڈگمگاتی ہوئی — ہر آفت سے بچتی بچاتی ہوئی
لہو کو رگوں میں پھراتی ہوئی — پسینے کے موتی لُٹاتی ہوئی
ہوا ٹھنڈی ٹھنڈی چلاتی ہوئی — طبیعت کے غنچے کِھلاتی ہوئی
جھلکتی ہوئی ، جھلملاتی ہوئی — چمکتی ہوئی ، چمچماتی ہوئی
کہیں جا کے رُکتی اَٹکتی ہوئی — کسی جا چٹکتی مٹکتی ہوئی
کہیں گرتے گرتے سنبھلتی ہوئی — کہیں رُکتے رُکتے نکلتی ہوئی

بہت ہو چکی برق سے نوک جھونک
بس اب سائیکل اپنی شہباز ، روک

نیوٹن

رفیع احمد

قدرت کے رازوں کو عیاں　　کرتے ہیں یہ سائنس داں
ان میں ہی نیوٹن ایک تھا　　باشندہ اِنگلستان کا
اک باغ میں بیٹھا تھا وہ　　کچھ سوچ میں ڈوبا تھا وہ
اک سیب نیچے آگرا　　دیکھا یہ اس نے ماجرا
یہ دیکھ کر آیا خیال　　دل نے کیا اُس سے سوال
ڈالی سے ہوتے ہی جدا　　یہ سیب نیچے کیوں گرا؟
گرتی ہے ہر شے فرش پر　　جاتی نہیں کیوں عرش پر؟
اس نے کیے پھر تجربات　　گزرے کئی دن اور رات
آخر کُھلا رازِ حسیں　　رکھتی کشش ہے یہ زمیں
یہ راز جب افشا ہوا　　چاروں طرف شہرہ ہوا
نیوٹن بنو اے دوستو　　ہر بات پر سوچا کرو
ہر شے کو دیکھو غور سے　　دوڑاؤ گھوڑے عقل کے

پاؤ گے حکمت کے گُہر
دنیا میں ہوگے نامور

کفایت شعاری

عبدالاحد ساز

جو چاہتے ہو کہ تم باوقار بن کے رہو!
تو زندگی میں کفایت شعار بن کے رہو
دیا ہے رب نے تو بے شک تم اس کو خرچ کرو
مگر بقدرِ ضرورت ہو ، بے حساب نہ ہو
ہر ایک شے کو برتنے کا اک طریقہ ہے
اِسی طرح سے کفایت بھی اک سلیقہ ہے
جہاں سے تنگ ہو چادر وہیں سِمٹ جاؤ
بہت زیادہ نہ تم پیر اپنے پھیلاؤ
وہ چاہے تیل ہو ، بجلی ہو ، چاہے پانی ہو
نہ کوئی چیز ہو ضائع ، سمجھ کے صَرف کرو
خدا نے صاف کہا ہے یہ بیچ قرآں کے
''فضول خرچ جو ہیں ، بھائی ہیں وہ شیطاں کے''
جو شاہ خرچ تھے دنیا میں ، وہ ذلیل ہوئے
جو جانتے تھے کفایت ، وہ خودکفیل ہوئے

تاروں نے بچوں کو پکارا

عبدالاحد ساز

تاروں نے بچوں کو پکارا تارارارارم آؤ تم کو جینے کے آداب سِکھائیں ہم

وقت بہت ہی کم ہے بچّو ! اس کو یوں نہ گنواؤ
محنت اور کوشش سے اپنے مقصد کو پا جاؤ
سوچو ، سمجھو ، جانو ، پرکھو ،سیکھو اور سِکھاؤ

اپنا گھر اسکول ،محلّہ صاف رکھو ہر دم آؤ تم کو جینے کے آداب سِکھائیں ہم

امّی ، ابّا ، آپا ، بھیّا ، بچّے بھولے بھالے
ہندو ، مسلم ،سکھ ،عیسائی گورے ہوں یا کالے
اپنے وطن کے لوگ ہیں گویا اپنے ہی گھر والے

سارے جگ میں اپنے دیش کا اونچا ہو پرچم آؤ تم کو جینے کے آداب سِکھائیں ہم

گیت محبت کے گاؤ، نفرت کی باتیں چھوڑو
منہ نہ کسی سے موڑو بچّو ، دل نہ کسی کا توڑو
لوگوں کے ہمدرد بنو اور پیار کے رشتے جوڑو

لے آؤ ساری دنیا میں خوشیوں کا موسم آؤ تم کو جینے کے آداب سِکھائیں ہم

ہم آکاش کے تارے،تم دھرتی کے راج دلارے
بڑوں کو جا کر یہ سمجھائیں ہم مِل جُل کر سارے
ہمیں ترقی نہیں چاہئے ایٹم بم کے سہارے

ہمیں چاہئے روٹی اور کتابیں اور قلم آؤ بڑوں کو بھی جینے کا طَور سِکھائیں ہم

تاروں نے بچوں کو پکارا تارا را را رم
آؤ تم کو جینے کے آداب سِکھائیں ہم

اَسرار

یوسف ظفؔر

چاند کی شب نواز کرنوں میں
ایک غنچہ حیات پاتا ہے
یخ زدہ ، برف خوردہ پتّوں کی
سرد سانسوں میں کپکپاتا ہے
رات بھر دیکھتا ہے تاروں کو
رات بھر پیچ و تاب کھاتا ہے
کس قدر ہے ستم ظریف مگر
صبح ہوتے ہی مسکراتا ہے

میں بھی اِک غنچہ ہوں گلستاں میں
اور خزاں کے ستم اُٹھاتا ہوں
چاند کی یاس ریز کرنوں میں
آس کی مشعلیں جلاتا ہوں
اپنے ماحول کی جفاؤں سے
میں بھی رازِ حیات پاتا ہوں
لیکن اہلِ جہاں کی نظروں سے
غم چھپانے کو مسکراتا ہوں

آزادیٔ وطن

مخدوم محی الدین

وہ ہندی نوجواں یعنی علم بردارِ آزادی
وطن کا پاسباں ، وہ تیغِ جوہر دارِ آزادی
وہ پاکیزہ شرارہ بجلیوں نے جس کو دھویا ہے
وہ انگارہ کہ جس میں زیست نے خود کو سمویا ہے
وہ شمعِ زندگانی ، آندھیوں نے جس کو پالا ہے
اِک ایسی ناؤ طوفانوں نے خود جس کو سنبھالا ہے
وہ ٹھوکر جس سے گیتی لرزہ بر اندام رہتی ہے
وہ دھارا جس کے سینے پر عمل کی ناؤ بہتی ہے
چھپی خاموش آہیں شورِ محشر بن کے نکلی ہیں
دبی چنگاریاں خورشیدِ خاور بن کے نکلی ہیں

بدل دی نوجوانِ ہند نے تقدیر زنداں کی
مجاہد کی نظر سے کٹ گئی زنجیر زنداں کی

مستقبل

مخدوم محی الدین

چلا آرہا ہے چلا آرہا ہے
چلا آرہا ہے چلا آرہا ہے

دھڑکتے دِلوں کی صدا آرہی ہے
اَندھیرے میں آوازِ پا آرہی ہے
بلاتا ہے کوئی نِدا آرہی ہے

چلا آرہا ہے چلا آرہا ہے
چلا آرہا ہے چلا آرہا ہے

اُڑاتا ہُوا پرچمِ زندگانی
سناتا ہوا عہدِ نَو کی کہانی
جِلو میں ظفر مندیاں شادمانی

چلا آرہا ہے چلا آرہا ہے
چلا آرہا ہے چلا آرہا ہے

سفینہ مساوات کا کھے رہا ہے
جوانوں سے قربانیاں لے رہا ہے
غلاموں کو آزادیاں دے رہا ہے

چلا آرہا ہے چلا آرہا ہے
چلا آرہا ہے چلا آرہا ہے

یہ میرا ہندوستان

زبیؔر رضوی

ہنستا گاتا جیون اس کا ، دھوم مچاتے موسم
گنگا جمنا کی لہروں میں سات سُروں کا سرگم
تاج ایلورہ جیسے سندر تصویروں کے البم

یہ ہے میرا ہندوستان

بادل جھومے ، برکھا برسے ، پَوَن جھکولے کھائے
دھرتی کے پھیلے آنگن میں یوں کھیتی لہرائے
جیسے بچّہ ماں کی گود میں رہ رہ کے مسکائے

یہ ہے میرا ہندوستان

راجہ ، رانی ،گڈّا گڈّی اور پریوں کی کہانی
بچوں کے جھرمٹ میں سنائے بیٹھ کے بوڑھی نانی
لوری گائے ، ماتھا چوُمے ، ممتا کی دیوانی

یہ ہے میرا ہندوستان

غالبؔ اور ٹیگورؔ یہیں کے میرؔا ، کالیؔداس
یہیں ہوا تھا سچائی کا گوتم کو احساس
یہیں لیا تھا ساتھ رام کے سیتا نے بَن باس

یہ ہے میرا ہندوستان

مُحبِّ وطن

محمد حسین آزاد

ہے یہ لکھا مؤرّخِ عہدِ قدیم نے
روما پہ کی جو فوج کشی اک غنیم نے

تیّار اہلِ فوج پے کار زار تھے
پر اہلِ ملک ان سے سوا جاں نثار تھے

آیا حریف جب کہ نہایت قریب شہر
اُٹھے برائے جنگ امیر و غریبِ شہر

پر ان میں کو کلیز جو مرد دلیر تھا
حب الوطن کے حق میں وہ نیستاں شیر تھا

نکلا وہ لے کے اسلحۂ جنگ اپنے شہر سے
اور لشکرِ عدو کی طرف آیا قہر سے

دو جاں نثار حُبِّ وطن اور ساتھ تھے
اعدا کے خوں میں ڈوبے سدا جن کے ہاتھ تھے

ہے جیسا بحر گنگ کا مائی لقب یہاں
تھے ٹائی بر کو باپ کہا کرتے سب وہاں

وہ بحر نیچے شہر کے تھا اوج موج پر
پُل سے اتر کے آئے وہ دشمن کی فوج پر

پُل کا دہانہ روک کے تیغوں کے گھاٹ سے
اعدا کے خوں بہاتے رہے کاٹ کاٹ کے

اور اپنی فوج کو یہ پکارے کہ آؤ تم
حملہ تو ہم نے روک لیا پُل گراؤ تم
مسمار اِدھر کرتے رہے پُل کو آن کر
یہ تیر ونیزہ مارے گئے تان تان کر
پُل سارا ٹوٹ ٹوٹ کے دریا میں بہہ گیا
اک آدمی کا راہ گزر جب کہ رہ گیا
تب کو کلیز یاروں کو بولا کہ جاؤ تم
اے میرے پیارے ہم وطنو غم نہ کھاؤ تم
قسمت میں جو لکھا ہو سو ہو چھوڑ دو مجھے
تم جاؤ اور خدا کے حوالے کرو مجھے
اِک اِک رفیق جب کہ ادھر پار ہوگیا
اور پُل جو کچھ رہا تھا وہ مسمار ہوگیا
للکارا پہلے دشمنوں کو دھوم دھام سے
اور ٹائی بر میں کہہ کے یہ کودا دھڑام سے
''ٹالا ہے تونے سر سے عدو کی تباہی کو
اے میرے باپ لیجیو اپنے سپاہی کو''
دشمن کی فوج تیغیں سنبھالے ہی رہ گئی
اور موت اپنے دانت نکالے ہی رہ گئی
دیکھو تو فیض حُبِّ وطن اس کو کیا ملا
جھٹ چار ہاتھ مار کے یاروں سے جا ملا

✤✤✤

پھول اور بچے

منظورؔ ہاشمی

کھلے ہوئے ہیں باغ میں دیکھو، رنگ رنگیلے پھول
لال گلابی،اودے نیلے، پیلے پیلے پھول

جیسا ان کا رُوپ سلونا ویسا ان کا دل
تن کے بھی ہیں اُجلے اُجلے،مَن کے سچّے پھول

رات کو شبنم آ کر ان کا منہ دھو جاتی ہے
صبح سویرے یوں ملتے ہیں بھیگے بھیگے پھول

دونوں ہی بھولے بھالے ہیں، دونوں ہیں معصوم
ننھے مُنّے بچّے ہوں یا رنگ برنگے پھول

گھر آنگن بچّوں سے ایسا روشن رہتا ہے
شاخوں پر جیسے کِھلتے ہیں پیارے پیارے پھول

بچّے خوش ہیں جھولا ڈال کر اپنے آنگن میں
شاخوں پر بھی جھول رہے ہیں ہولے ہولے پھول

فطرت کا سبق

حسنؔ آبادی

یہ سورج چاند ستارے
یہ چکراتے سیّارے
یہ میلوں میل سمندر
اک دنیا اِس کے اندر
یہ آتے جاتے بادل
ہر سُو کھیتوں میں جل تھل
یہ چاندی جیسا پانی
سبزے کی رنگت دھانی
یہ تازہ خنک ہوائیں
خوشیوں کا سندیسا لائیں
یہ ڈھلتی دھوپ کی لالی
یہ شام شگوفوں والی

بچّو ! تم بھی تو آؤ
فطرت کو دوست بناؤ
دریا سے روانی سیکھو
اس سے جَولانی سیکھو
سبزے سے لہکنا سیکھو
پھولوں سے مہکنا سیکھو
جگنو سے دمکنا سیکھو
تاروں سے چمکنا سیکھو
چڑیوں سے گانا سیکھو
بلبل سے ترانہ سیکھو
اُلفت کا قرینہ سیکھو
دُنیا میں جینا سیکھو

قلم اور کتاب

ضمیر درویش

اِک دِن اِک پیارا سا بچّہ
لے کے کھلونے، کھیل رہا تھا
ایک کھلونا چابی والا
چابی بھرتے ہی یوں بولا
''مجھ سے پیار بہت ہے تم کو
اب پڑھنا لکھنا بھی سیکھو''
ایک کتاب نے بھی منہ کھولا
جلدی سے پھر قلم بھی بولا
''رنگ برنگی دُنیا اپنی
کرکے دیکھو سیر تم اس کی
چاہے گھوڑا ہو یا ہاتھی
ہم سے اچھا کون ہے ساتھی
ہم سے رُوٹھ گیا جو بچّہ
اُس کو پڑتا ہے پچھتانا''
بچّہ تھا وہ سچ مچ اچھا
قلم کتاب اُٹھا کر بولا

''تم دونوں سے پیار کروں گا
خوب پڑھوں گا ، خوب لکھوں گا''

موٹر سائیکل

وفؔا فرخ آبادی

پھَٹ پھَٹ پھَٹ پھَٹ کرنے والی
میلوں کا دَم بھرنے والی

آن بڑی ہے ، شان بڑی ہے
دو پہیّوں میں جان بڑی ہے

جنگل بستی شور مَچاتی
سڑکوں پر ہے دَوڑ لگاتی

دانہ چارا کچھ نہیں کھاتی
پھر بھی کوسوں دوڑ کے جاتی

تھک جانے کا نام نہیں ہے
بیٹھے رہنا کام نہیں ہے

سرپٹ دوڑ کے جانے والی
جَھٹ پَٹ کام بنانے والی

✣✣✣

نٹ کھٹ بچّی

جگن ناتھ آزاد

سن لو ایک کہانی
بچّو! سن لو ایک کہانی
سات برس کی اک بچّی ہے نام ہے جس کا پونم
لیکن سب بچّوں نے اس کا نام رکھا ہے رانی
سن لو ایک کہانی
بچّو! سن لو ایک کہانی
ممّی اُس کو ڈانٹ پلائے یا ڈیڈی دھمکائے
کہتی ہے ''کہنا مانوں گی'' کرتی ہے من مانی
سن لو ایک کہانی
بچّو! سن لو ایک کہانی
تب تک سوتی ہی نہیں ہرگز دیر ہو چاہے جتنی
یہ ہر رات کو سن نہیں لیتی جب تک ایک کہانی
سن لو ایک کہانی
بچّو! سن لو ایک کہانی
چوہے اور بلّی کی لڑائی ، سوداگر اور بندر
چھوٹے موٹے قصّے اس کو سب ہیں یاد زبانی
سن لو ایک کہانی
بچّو! سن لو ایک کہانی

چوہا بِلّی

شمسؔ دیوبندی

بلی چوہا ، چوہا بلی
سوچ رہے تھے جائیں دِلّی
پہلے سوچا ٹرین سے جائیں
لیکن پیسے کہاں سے لائیں
بس میں کیسے چڑھ پائیں گے
پکڑے گئے تو پچھتائیں گے
چوہا بولا بات بدل کر
ہم جائیں گے پیدل چل کر
سن کے بلی بھی مسکائی
پھر بولی ہاں ٹھیک ہے بھائی
خوش تھے دونوں دل میں اپنے
دیکھ رہے تھے رنگیں سپنے
لال قلعے کو ، چڑیا گھر کو
ہم دیکھیں گے ہر منظر کو
جامع مسجد ، اپّو گھر بھی
لاٹ قطب کی اور صدر بھی
جنتر منتر بھی جائیں گے
جھومیں ، ناچیں گے ، گائیں گے

رَس کی کھیر

خلیل محمودی

ایک روز کی بات ہے بھائی
رس کی ہم نے کھیر پکائی

پہلے رس گنّے کا نکالا
اس کو ہانڈی میں پھر ڈالا

ہانڈی پھر چولھے پہ چڑھائی
اس کے نیچے آگ جلائی

چاول دھو کر رَس میں ڈالے
رس کو ہِلایا دھیرے دھیرے

کھچ کھچ کر کے پکتی جاتی
ہم سب سے یہ کہتی جاتی

کس نے چاول ہے اُپجائے
کھیت میں گنّے کس نے اُگائے

پک کر جب تیار ہوئی تو
دی کچھ کھیر پڑوسن بی کو

خوش ہوکر ہم سب نے کھائی
کھیر تھی جیسے رَس کی مَلائی

✤✤✤

ننھی بوند کا حوصلہ

ڈاکٹر عصمت جاوید

ایک بار ایسا ہوا برسات میں
سرد ، لمبی ، گُھپ اندھیری رات میں
ایک ننھی بُوند آنکھیں میچتی
ہچکچاتی ، سانس اندر کھینچتی
چھوڑ کر بادل کا پہلو جب چلی
دِل ہی دِل میں سوچ کر ڈرنے لگی
یہ بھیانک رات اور لمبا سفر
راستہ بھی کچھ نہیں آتا نظر
کیا بھروسہ آگ میں گر جاؤں میں
پھر نہ کچھ اپنا پتہ بھی پاؤں میں
یہ بھی ممکن ہے مِلوں میں خاک میں
موت بیٹھی ہو نہ میری تاک میں!

اُس نے پھر سوچا کہ قسمت کا لکھا
جو بھی ہوگا سامنے آجائے گا
سوچ کر انجام اپنا کیوں ڈروں!
ڈر کے میں مرنے سے پہلے کیوں مروں!
کیا ضروری ہے گروں میں ریت پر
یہ بھی ممکن ہے گِروں میں کھیت پر
خار پر گرنے سے مجھ کو کیوں ہراس؟
یہ بھی ممکن ہے بجھاؤں اُس کی پیاس
بوند نے چھوڑا خدا پر فیصلہ
اس کے دل میں حوصلہ پیدا ہوا
ہو کے بے پروا خوشی میں جھومتی
آگئی دریا پہ اس سے جا ملی
تھی اُسی دریا میں ، ایک سیپی کُھلی
بُوند اُس میں جا گِری موتی بنی

عدلِ فاروقی

علامہ شبلی نعمانی

ایک دن حضرت فاروقؓ نے منبر پہ کہا:
''میں تمھیں حکم جو کچھ دوں تو کرو گے منظور؟''

ایک نے اُٹھ کر کہا یہ کہ: ''نہ مانیں گے کبھی
کہ ترے عدل میں ہم کو نظر آتا ہے فتور

چادریں مالِ غنیمت میں جواب کے آئیں
صحنِ مسجد میں وہ تقسیم ہوئیں سب کے حضور

ان میں ہر ایک کے حصے میں فقط ایک آئی
تھا تمھارا بھی وہی حق کہ یہی ہے دستور

اب جو یہ جسم پہ تیرے نظر آتا ہے لباس
یہ اُسی لوٹ کے چادر سے بنا ہوگا ضرور

مختصر تھی وہ ردا ترا قد ہے دراز
ایک چادر میں ترا جسم نہ ہوگا مستور

اپنے حصے سے زیادہ جو لیا تو نے تو اب
تو خلافت کے نہ قابل ہے، نہ ہم ہیں مامور''

اپنے فرزند سے فاروق معظمؓ نے کہا:
''تم کو ہے حالت اصلی کی حقیقت پہ عبور

تم ہی دے سکتے ہو اس کا، مری جانب سے جواب
کہ نہ پکڑے مجھے محشر میں مرا ربّ غفور''

بولے یہ ابنِ عمرؓ سب سے مخاطب ہوکر:
''اِس میں کچھ والد ماجد کا نہیں جرم و قصور

ایک چادر میں جو پورا نہ ہوا اُن کا لباس
کر سکی اس کو گوارا نہ مری طبع غیور

اپنے حصے کی بھی میں نے انھیں چادر دے دی
واقعے کی یہ حقیقت ہے کہ جو تھی مستور''

نکتہ چیں نے یہ کہا اٹھ کے کہ ہاں اے فاروقؓ!
حکم دے ہم کو کہ اب ہم اسے مانیں گے ضرور''

برسات کا موسم

سیّد محمد بے نظیرؔ شاہ

سوکھی زمیں پر ترشّح ہوا
نکلتی ہے بُو سوندھی سوندھی سی کیا

گرجتے ہیں بادل چمکتی ہے برق
ہُوا صحن کا صحن پانی میں غرق

گئی نیند اُچٹ پانی کے شور سے
بہی جاتی ہیں نالیاں زور سے

ٹپکتی ہے بنگلے کی وہ اولتی
کہ ہے تار سیمیں کی چلمن پڑی

ہوا زور سے چلتی ہے بار بار
پہنچتی ہے کمروں کے اندر پھوار

گرتا ہے جو ٹین کا سائباں
ہے اس وقت ارگن کا اس پر گماں

چٹانوں پہ کیا لطفِ نظّارہ ہے
کہ جو بوند ہے ایک فوّارہ ہے

صبا کے طمانچے جو کھاتے ہیں آج
تو پودے سروں کو جُھکاتے ہیں آج

چلی آتی ہے بدلیوں کی قطار
ہوا کے ہیں گھوڑے پہ بادل سوار

نہیں ہے ابھی گو جھڑی کی بہار
نہیں ٹوٹتا کب سے بوندوں کا تار

ہیں آراستہ سبز پوشانِ باغ
ہوا غسل سے ہر شجر کو فراغ

پھل پھول

سیّد محمد بے نظیر شاہ

کھِلے پھول بیلے کے وہ لاجواب — وہ پھولے ہزاروں طرح کے گلاب
وہ پھولی چنبیلی ، کھِلا موگرا — کھلی چاندنی باغ میں جابجا
وہ پھولوں پہ اُڑتی ہوئی تتلیاں — دکھاتی ہیں قدرت کی صنّاعیاں
یہ فطرت کا ہے قدرتی انتظام — کھِلے پھول لاکھوں طرح کے تمام
بھری گود شاخوں کی اثمار سے — ٹپکنے لگا شہد اشجار سے
وہ انگور ، وہ رس بھری لیچیاں — لٹکتی ہیں آموں کی وہ کیریاں
اناروں میں کلیاں بھی ، لو آ گئیں — وہ کیلوں کی پھلیاں بھی گدرا گئیں
بِہی سیب امرود پکنے لگے — وہ شاخوں پہ گولے چمکنے لگے
وہ پک کر شریفے بھی سب کھِل گئے — ٹپک پڑتے ہیں جو ذرا ہل گئے
لدی ہیں درختوں پہ نارنگیاں — پھٹی پڑتی ہیں بوجھ سے ڈالیاں
تروتازہ ، سرسبز ہے ہر شجر — لدے ہیں درختوں پہ فصلی ثمر

ہیں اُس شانِ قدرت پہ ہر دم نثار
دکھائی ہمیں جس نے ایسی بہار

❖❖❖

جگنو

سکندر علی وجد

برسات کی رات تھی اندھیری
کچھ نیند اچٹ گئی تھی میری
پانی جو برس کے کُھل گیا تھا
گلشن کا غبار دُھل گیا تھا
بیدار تھی باغ میں اکیلی
پھولوں سے لدی ہوئی چمیلی
نکہت بربار ہو رہی تھی
مخلوق تمام سو رہی تھی
اتنے میں جو رَو چلی ہوا کی
قسمت ہی چمک گئی فِضا کی
ہونے لگی جگنوؤں کی بارش
فطرت کے جمال کی تراوِش
نہروں پہ تپاں تھے برق پارے
رقصاں تھے زمین پر ستارے
جگنو اس طرح اڑ رہے تھے
ہیروں میں پَر لگے ہوئے تھے
ظلمت موتی لُٹا رہی تھی
پریوں کی برات جا رہی تھی
میں اس منظر میں کھو گیا تھا
ہر موے تن آنکھ ہوگیا تھا

صبح

کیفؔ احمد صدیقی

وہ دامنِ شفق پر خورشید مسکرایا
لو وقتِ صبح آیا

پھوٹیں حسین کرنیں، روشن ہوا زمانہ
ہر گھر میں روشنی کا لُٹنے لگا خزانہ
ہر سمت نور پھیلا ہر ذرّہ جگمگایا
لو وقتِ صبح آیا

مستی بھری ہوائیں چلنے لگیں چمن میں
بھنوروں نے راگ چھیڑا پھولوں کی انجمن میں
بادِ صبا نے آکر کلیوں کو گُدگُدایا
لو وقتِ صبح آیا

غنچوں نے اپنے رُخ سے الٹی نقابِ رنگیں
نرگس نے آنکھ کھولی ، مہکا گلابِ رنگیں
ہر شاخ جھوم اٹھی ، ہر پھول مسکرایا
لو وقتِ صبح آیا

صحنِ چمن میں پھیلی ہر سَمت نکہتِ گُل
نغمات بن کے ابھری ہر سو صدائے بلبل
مرغانِ خوش نوا نے پُرکیف گیت گایا
لو وقتِ صبح آیا

صبح کے نظارے

سعادت نظیرؔ

جاگا ہے بوٹا بوٹا ، چٹکا ہے غنچہ غنچہ
چمکا ہے ذرّہ ذرّہ ، روشن ہے چپّہ چپّہ
گردوں پہ جگمگاہٹ ، کھیتوں میں لہلہاہٹ
چڑیوں کی چہچہاہٹ کلیوں کی مسکراہٹ
شبنم کے آئینے کا عکسِ چمن دِکھانا
پتّوں کا شاد ہونا اور تالیاں بجانا
پھولوں میں دلکشی ہے کانٹوں میں تازگی ہے
ہر دل میں اک خوشی ہے ہر سَمت روشنی ہے
وادی ، پہاڑ ، صحرا ، ہر ایک جگمگایا
دریا کو جوش آیا ساحل بھی گنگنایا
فطرت بہار پر ہے ، دُنیا نکھار پر ہے
ہر شئے ہے خوبصورت رنگین ہر نظر ہے
سچ پوچھیے تو منظر کیسے ہیں پیارے پیارے
دیتے ہیں لطف کیا کیا یہ صبح کے نظارے

کام اور زندگی

فیضؔ لدھیانوی

برکتیں ہیں آج گھر گھر کام سے
چل پڑا دنیا کا چکّر کام سے

جِن کو اپنے فرض کا احساس ہے
دِل لگاتے ہیں وہ اکثر کام سے

کامیابی اُن کی قسمت میں کہاں
بھاگ جاتے ہیں جو ڈر کر کام سے

کھیت ہو، اسکول ہو یا فیکٹری
سب کی رونق ہے سراسر کام سے

کاہلی تو جان لیوا روگ ہے
زندگی ہوتی ہے بہتر کام سے

زندہ رہنے کا سلیقہ ہے یہی
منہ نہ موڑے کوئی دَم بھر کام سے

بیٹھ کر باتیں بنانا سہل ہے
اصل میں کُھلتے ہیں جو ہر کام سے

قدر کرتا ہے زمانہ کام کی
نام پاتے ہیں ہنرور کام سے

دو گھڑی آرام کرنا چاہئے
جب فراغت ہو میسّر کام سے

❖❖❖

مسکراؤ

حرمت الاکرام

تان پر لمحوں کی جھومو اور خود بھی گیت گاؤ
بلبلوں کی طرح شاخِ زندگی پر چہچہاؤ
وقت کو اپنا بناؤ ... نونہالو مسکراؤ

ہے یہ بچپن کا سنہرا دور اک انمول شئے
ساز ہے اس کا انوکھا ہے انوکھی اس کے لے
ساز چھیڑو لے بڑھاؤ... نونہالو مسکراؤ

دِل کتابوں سے لگاؤ ، راہ پر رکھو نظر
روشنی بکھرے گی خود ، ہر مرحلے پر موڑ پر
خواب کی محفل سجاؤ ... نونہالو مسکراؤ

مسکراتا ہے دیا تو جگمگا اٹھتا ہے گھر
مسکراتی ہے کرن تو جاگ اُٹھتی ہے سحر
شمع ہونٹوں کی جلاؤ ... نونہالو مسکراؤ

مسکراتی ہے کلی جس وقت بن جاتی ہے پھول
مسکراتی ہے تو سونا بن کے اِٹھلاتی ہے دھوُل
مسکراؤ کھلکھلاؤ ... نونہالو مسکراؤ

مسکراؤ گے تو یہ لَو روح کو گرمائے گی
مسکراؤ گے تو ماتھے کی چمک بڑھ جائے گی
آرزوؤں کو جگاؤ ... نونہالو مسکراؤ

ہَوا

قیوم نظر

ہوا جاں دار کو رکھتی ہے زندہ
ہوا کے بل پہ اُڑتا ہے پرندہ
ہوا آواز کو پہنچائے ہر جا
ہوا ہوگی ، جہاں کچھ بھی نہ ہوگا
کوئی خالی جگہ خالی نہیں ہے
ہَوا کا دور دورہ ہر کہیں ہے

کبھی دم سادھ کر گم سم رہے گی
کبھی پُروا کبھی پچھوا بنے گی
کبھی اَٹکھیلیاں کرتی ملے گی
کبھی آندھی کی صورت میں چلے گی
جھلائے گی کبھی شاخوں کو جھولا
کبھی بن جائے گی اُٹھتا بگولا

ہَوا جب گرم ہو ہوتی ہے ہلکی
جو ہلکی ہو تو اوپر کو ہے اُٹھتی
جگہ لینے کو پر اس کی ہوا ہی
بڑی تیزی سے اس جانب ہے بڑھتی
یہی وصف اس کا لائے سرد جھونکے
اسی سے خاک اڑے طوفان اُٹھے

ہَوا کو جس جگہ جو طور دیکھو
ہوا بے رنگ ہے خالص اگر ہو
ہوا کا وزن ہے اس کو جو تولو
ہوا پھیلے گی ، مچلے گی ، یہ جانو
ہوا ہنستی بھی گاتی بھی ملے گی
اگر گیسوں کی صورت میں رہے گی

✤✤✤

محنت کی عظمت

رضی اختر شوق

جاگ اُٹھے ہیں اپنے بازو جاگے ہاتھ ہمارے

اب اپنی محنت سے ساتھی اپنا نگر چمکے گا
روشن ہوں گی ساری گلیاں اِک اِک گھر چمکے گا
اپنے فن کی قیمت ہوگی اپنا ہنر چمکے گا

اپنے عمل سے خود بدلیں گے اب حالات ہمارے
جاگ اٹھے ہیں اپنے بازو جاگے ہاتھ ہمارے

محنت کرنے والے بازو آگ میں پھول کِھلائیں
محنت سے سب کنکر پتھر موتی بنتے جائیں
اس عظمت پر کم ہے ساتھی جتنا بھی اِترائیں

صدیوں کی تعمیر کریں گے اب حالات ہمارے
جاگ اٹھے ہیں اپنے بازو جاگے ہاتھ ہمارے

بن محنت کچھ ہاتھ نہ آئے ہاتھ آئے ناداری
محنت ایسا جادو جس سے ریت بنے پُھلواری
پربت پربت رنگ جمائے مہکے کیاری کیاری

سوُرج، چاند، ستارے، بادل سب ہیں ساتھ ہمارے
جاگ اُٹھے ہیں اپنے بازو جاگے ہاتھ ہمارے

ترانہ

روشؔن صدیقی

غریبوں سے بے شک محبت کریں گے
جو مجبور ہیں ان کی خدمت کریں گے
جو حق پر ہیں ان کی حمایت کریں گے
ہم انسانیت کی حفاظت کریں گے
کہ انسانیت کے رضا کار ہیں ہم

غرض کیا کسی کی برائی سے ہم کو
محبت ہے ساری خدائی سے ہم کو
عقیدت ہے صلح و صفائی سے ہم کو
خوشی ہے تو سب کی بھلائی سے ہم کو
بھلائی کی راہوں میں گُلبار ہیں ہم

یہ نفرت کے شعلے بجھا کر رہیں گے
دلوں سے عداوت مٹا کر رہیں گے
جہالت کی گردن جُھکا کر رہیں گے
تمدن کی جنّت بسا کر رہیں گے
تمدّن کی جنت کے معمار ہیں ہم

تعصب نے رُخ اپنا پھیرا ہے ہم سے
گریزاں خزاں کا اندھیرا ہے ہم سے
محبت کا سایہ گھنیرا ہے ہم سے
اُجالا ہے ہم سے سویرا ہے ہم سے
نئ صبح بن کر نمودار ہیں ہم

زمانے کے سب علم وفن سیکھ لیں گے
بزرگوں کے اچھے چلن سیکھ لیں گے
دِل افروز طرزِ سخن سیکھ لیں گے
شجاعوں سے حُبِّ وطن سیکھ لیں گے
کہ سب خوبیوں کے طلبگار ہیں ہم

مصیبت میں مایوس وحیراں نہ ہوں گے
حوادث سے ہرگز ہراساں نہ ہوں گے
کسی امتحاں سے پریشاں نہ ہوں گے
کبھی راہ حق سے گریزاں نہ ہوں گے
بہ ہر حال حق کے پرستار ہیں ہم

❖❖❖

شبنم

روشؔ صدیقی

کیا یہ تارے ہیں زمیں پر جو اُتر آئے ہیں
یا وہ موتی ہیں کہ جو چاند نے برسائے ہیں
یا وہ ہیرے ہیں جو صحرا میں پڑے پائے ہیں
فرش پر آئے نہ ہوں عرش کے ذرّات کہیں
اپنے آنسو تو نہیں بھول گئی رات کہیں

یہ کہانی بھی سنائی ہے زمیں نے اکثر
کہکشاں جاتی ہے جب پچھلے پہر اپنے گھر
پھینکتی جاتی ہے ہنستے ہوئے لاکھوں گوہر
اور ہر صبح کو یہ کھیل رچا جاتا ہے
ان کو خورشید کی پلکوں سے چنا جاتا ہے

یہ بھی سنتے ہیں کہ یہ سات سمندر ہر روز
شفقِ شام کی کشتی میں سجا کر ہر روز
نذر دیتے ہیں ثُریّا کو یہ گوہر ہر روز
پھر ثُریّا انھیں ہنس ہنس کے لُٹا دیتی ہے
خوب چنتی ہے زمیں اور دُعا دیتی ہے

جس طرح باغ کے پھولوں کو چمن پیارا ہے
بَن میں کھلتی ہیں جو کلیاں انھیں بن پیارا ہے
یوں ہی شبنم کو بھی اپنا ہی وطن پیارا ہے
کہکشاں روز بُلاکر اسے بہکاتی ہے
پر یہ دامن میں زمیں کے ہی سکوں پاتی ہے

تہذیب کا باغ

مسلّم مالیگانوی

رشیوں کی نکھاری ہوئی ، ولیوں کی سنواری
ہے مشترک اس دیس میں تہذیب ہماری
ہندو بھی ہے، مسلم بھی ہے، عیسائی بھی ، سکھ بھی
اک شان ہے کشمیر سے ،تا راس کماری
آ آ کے نئے رخ سے ملے گنگ و جمن میں
چشمے جو عرب اور عجم سے ہوئے جاری
ہر پھول نے اس باغ میں وہ روپ نکالا
ششدر ہے جسے دیکھ کے خود بادِ بہاری
ہو حسن اَجنتا کا کہ فن تاج محل کا
شاہد ہیں سبھی عظمت وشوکت کے ہماری
ہم سب نے اِسے مل کے ہے پروان چڑھایا
ہم سب کی زمیں ہے یہ ،ہماری نہ تمھاری
اس دیس کی ہر چیز سے ہے ہم کو بڑا پیار
اس دیس میں ہم نے کئی صدیاں ہیں گزاری
صد شکر کہ آزاد وطن اب ہے ہمارا
قیمت بھی تو مسلّم ، ہمیں دینی پڑی بھاری

❖❖❖

بچّوں کا ترانہ

مجازؔ امان

شیر ہیں چلتے ہیں درّاتے ہوئے   بادلوں کی طرح منڈلاتے ہوئے
عزم کے پرچم کو لہراتے ہوئے   زندگی کی راگنی گاتے ہوئے

آج جھنڈا ہے ہمارے ہاتھ میں
اک ترنگا ہے ہمارے ہاتھ میں

مادرِ ہندوستاں کی آن ہیں   دانشِ علم و عمل کی شان ہیں
امن اور انسانیت کی جان ہیں   آنے والے دَور کی پہچان ہیں

آج جھنڈا ہے ہمارے ہاتھ میں
اک ترنگا ہے ہمارے ہاتھ میں

دھمکیوں سے خوف کب کھاتے ہیں ہم   بے خطر سچ بات کہہ جاتے ہیں ہم
کب کسی مشکل سے گھبراتے ہیں ہم   آندھیوں سے بڑھ کے لڑ جاتے ہیں ہم

آج جھنڈا ہے ہمارے ہاتھ میں
اک ترنگا ہے ہمارے ہاتھ میں

راستی سے بے رُخی کرتے نہیں   راہِ باطل میں قدم دھرتے نہیں
ہم وہ ہیں جو موت سے ڈرتے نہیں   ہم وہ ہیں جو مر کے بھی مرتے نہیں

آج جھنڈا ہے ہمارے ہاتھ میں
اک ترنگا ہے ہمارے ہاتھ میں

دیکھنا جب ہم جواں ہو جائیں گے   اس وطن کے پاسباں ہو جائیں گے
ہم امیرِ کارواں ہو جائیں گے   اور زمیں سے آسماں ہو جائیں گے

آج جھنڈا ہے ہمارے ہاتھ میں
اک ترنگا ہے ہمارے ہاتھ میں

نیا شہر

اخترؔ الایمان

جب نئے شہر میں جاتا ہوں وہاں کے در و بام
لوگ وارفتہ ، سراسیمہ ، دکانیں بازار
بُت نئے راہ نماؤں کے ، پرانے معبد
حزن آلود شفاخانے مریضوں کی قطار
تارگھر ، ریل کے پُل ، بجلی کے کھمبے ، تھیٹر
راہ میں دونوں طرف نیم برہنہ اشجار
اشتہار ایسی دواؤں کے ہر اک جا چسپاں
اچھے ہوجاتے ہیں ہر طرح کے جھٹ سے بیمار
اس نئے شہر کی ہر چیز لُبھاتی ہے مجھے
یہ نیا شہر نظر آتا ہے خوابوں کا دیار
شاید اس واسطے ایسا ہے کہ اس بستی میں
کوئی ایسا نہیں جس پر ہو مری زیست کا بار
کوئی ایسا نہیں ، جو جانتا ہو میرے عیوب
آشنا ساتھی کوئی دشمنِ جاں دوست شعار

❖❖❖

اعتماد

اختر الایمان

بولی خودسر ہوا
''ایک ذرّہ ہے تو، یوں اُڑا دوں گی میں''
موجِ دریا بڑھی۔ بولی
''میرے لیے ایک تنکا ہے تو
یوں بہا دوں گی میں''
آتشِ تند کی ایک لپیٹ نے کہا،
''میں جلا ڈالوں گی۔''
اور زمیں نے کہا ''میں نگل جاؤں گی۔''
میں نے چہرے سے اپنے اُٹھا دی نقاب
اور ہنس کر کہا۔
''میں سلیمان ہوں
ابنِ آدم ہوں
یعنی میں انسان ہوں۔''

دھیرے دھیرے

عطاء الرحمٰن طارق

گھر لوٹا سورج بے چارا دھیرے دھیرے
پھیل گیا ہر سو اندھیارا دھیرے دھیرے

آ پہنچا کوٹھے کے اوپر چلتے چلتے
کھویا کھویا چاند ہمارا دھیرے دھیرے

دیکھو کیسا چمک رہا ہے ٹم ٹم ٹم ٹم
آسمان میں شام کا تارا دھیرے دھیرے

مانجھی گائے ، گاتا جائے ہیا ہیا
کشتی نے چھو لیا کنارا دھیرے دھیرے

چپکے چپکے نندیا آئی سپنے لائی
سویا سب کا راج دُلارا دھیرے دھیرے

شاعر اور اس کی بیوی

سلیمان خطیبؔ

شاعر اپنی بیگم سے:

وہ غزل میں نے کہی ہے کہ غزل جھوم اُٹھے
کہکشاں ٹوٹ پڑے ، دل کا کنول جھوم اُٹھے
جیسے جمنا میں حسین تاج محل جھوم اُٹھے
کیا خیالات ہیں ، کیا چیز ہے بولو بیگم
لعل و یاقوت میں ہر شعر کو تولو بیگم
تم تو بیٹھی ہو فقط ہاتھ میں لہسن لے کر
کبھی ادرک ، کبھی مرچیں ، کبھی بیگن لے کر

بیوی:

کیا کلیجے کو ، مرے جی کو جلا دیتا ہے
باتاں باتاں میں اَصل بات اُڑا دیتا ہے
پیسے پوچھے تو فقط شعر سنا دیتا ہے
شاعری کرنا تجھے کون سکھا کو چھوڑے
اچھے خاصے مرے اَدمی کو کھپا کو چھوڑے
شاعری ماٹی پڑو جان کا جوکھم ہوگئی
کھیتی باڑی کرو ، دھندا کرو ، بیچو گھوڑے

شاعر:
میری خدمات کی اک دھوم مچے گی بیگم
ساری دنیائے ادب جھوم اٹھے گی بیگم

بیوی:
پیاسے شاعر کو تو پانی نہیں دیتی دنیا
نہریں گھی دودھ کی تربت پہ بہا دیتی ہے
سر چھپانے کو تو ملتا نہیں چھپّر کوئی
سنگِ مرمر کی مزاریں تو بنا دیتی ہے

چھوٹے بڑے

نجم آفندی

چھوٹا سا ایک بیج اگر ہے تو کیا ہوا
کتنا بڑا درخت ہے اس میں چھُپا ہوا
دھرتی میں بیج بوتا ہے جب وقت پر کسان
پھر دیکھنے کی ہوتی ہے اُس بیج کی اُٹھان
سنسار جی رہا ہے اِسی کام کاج سے
کتنوں کے پیٹ بھرتے ہیں اس کے اناج سے
آنکھوں کے تِل میں دیکھو تو کتنی بڑائی ہے
دریا ہوں یا پہاڑ ہوں ، سب کی سمائی ہے
پھولوں کا اور چاند ستاروں کا رنگ رُوپ
دو آنکھیں دیکھتی ہیں ہزاروں کا رنگ رُوپ
پھیلا ہے سارے گھر میں اُجالا ، چراغ ایک
گُن کتنے ہیں دماغ میں ، اور ہے دماغ ایک
مِل جُل کے ایک پانی کا دریا بہاتی ہیں
بوندیں ہیں چھوٹی چھوٹی جو ساگر بناتی ہیں
یہ میز پر تمہاری جو چھوٹی سی ہے کتاب
چھوٹی سی اس کتاب میں لاکھوں کا ہے حساب
چھوٹا سا دل ہے ، اس میں امنگیں بڑی بڑی
کچھ اور حوصلہ بڑھا ، مشکل جو آ پڑی
چھوٹی سی عمر میں جو اِرادے رہے کڑے
دنیا میں تم بھی کام کروگے بڑے بڑے

آنکھیں

یوسفؔ نرمل

خدا کا فضل ہے ، انعام ہے ، دولت ہے بینائی
ہزاروں نعمتوں کی ایک یہ نعمت ہے بینائی
جسے مل جائے یہ نعمت وہ خوش قسمت ہے دنیا میں
کہ آنکھوں کی ہر اک انسان کو حاجت ہے دنیا میں

اگر آنکھیں نہ ہوں تو زندگی دشوار ہو جائے
سراسر آدمی مجبور اور لاچار ہو جائے
کوئی معذور نابینا سڑک پر جب دکھائی دے
بڑی اُلجھن میں ہو ، رستہ نہ کچھ جس کو سجھائی دے

حق ایسے میں ادا کرنا ہے لازم ہم پہ آنکھوں کا
سہارا بن کے جینا ہے ہمیں دُنیا میں اندھوں کا
یہی آنکھوں کا شکرانہ ہے ، خوش اِس سے خدا ہوگا
ان اندھوں کی دُعا سے آنکھ والوں کا بھلا ہوگا

گاؤں کی زندگی

عبدالرحیم نشترؔ

کتنا اچھا ہے یہ گاؤں کا راستہ
اس کڑی دھوپ میں چھاؤں کا راستہ

سبز و شاداب اشجار کے درمیاں
کس مزے سے گزرتی ہیں یہ گرمیاں

آم کے پیڑ خوشبو لٹاتے ہوئے
روکتے ہیں مجھے آتے جاتے ہوئے

کتنا خوش رہتا ہوں کھیت جاتے ہوئے
ناچتے ، کودتے ، گیت گاتے ہوئے

چہچہاتے پرندے مرے ساتھ ہیں
ڈالیاں ، پھول ، پتّے مرے ساتھ ہیں

یہ کشادہ زمیں ، یہ کُھلا آسماں
شہر کے دوستوں کو میسّر کہاں

عافیت بخش ہے گاؤں کی زندگی
اِس کڑی دھوپ میں چھاؤں سی زندگی

زمینِ وطن

آنند نرائن مُلّا

زمینِ وطن اے زمینِ وطن
ترے کوہ و دریا جمال آفریں
تری وادیاں رشکِ خُلد بریں
کسی نے تجھے یوں بنایا حسیں
کہ جیسے سنواری گئی ہو دُلہن
زمینِ وطن ! اے زمینِ وطن

یہ دہلی کے نقش و نگارِ خموش
یہ چتوڑ کی خاکِ لالہ فروش
یہ کیلاش کی چوٹیاں برف پوش
تجھے ڈھونڈتی ہیں عروجِ کہن
زمینِ وطن ! اے زمینِ وطن

بدلنے کو ہے موسمِ روزگار
ہواؤں میں ہے ایک کیفِ خُمار
تری سِمت پھر آ رہی ہے بہار

لیے پھر گل و لالہ و نسترن
زمینِ وطن ! اے زمینِ وطن

اُخوت کا پھر ہاتھ میں جام لے
مساواتِ انساں کا پھر نام لے
روایاتِ ماضی سے پھر کام لے

وطن کو بنا در حقیقت وطن
زمینِ وطن ! اے زمینِ وطن

❖❖❖

ماں

ظفر گورکھپوری

ترے مزاج کی شائستگی نے ورثے میں
ہر ایک شے مجھے دی ہے قرارِ دل کے سوا
یہ علم و فضل ، یہ شہرت ، یہ ذوقِ شعر و سخن
سبھی ملا ہے ترے قُربِ مستقل کے سوا

یہ تیرا قرب جو بِکتا نہیں دکانوں پر
یہ تیرا پیار جو تُلتا نہیں ترازو میں
مجھے کہیں نہ ملی تیرے قُرب کی خوشبو
نہ چاندنی میں نہ بادِ صبا کے پہلوٴ میں

کہیں سے آ کے مرے سر پہ رکھ دے پیار کا ہاتھ
کہ تھوڑی دیر تو جی کو قرار آجائے
کہیں سے آ کے لگا لے تو اپنے سینے سے
کہ جی رہا ہوں مجھے اعتبار آجائے

میں تیری یاد میں جب شب کو چونکتا ہوں کبھی
تو پیٹھ کرتی ہے محسوس تھپکیاں تیری
رکابیوں پہ ترے ہاتھ کے نشاں ہیں وہی
مہک رہی ہیں نوالوں پہ اُنگلیاں تیری

کبھی کبھی جو تری گود یاد آتی ہے
گمان ہوتا ہے جیسے رگوں میں خون نہیں
ملا تھا جو مجھے سر رکھ کے تیرے زانو پر
گلوں کی سیج پہ سو کر بھی وہ سکون نہیں

تو اپنے پیروں کی جنت مجھے عطا کر دے
میں غم کی دھوپ میں مصروفِ آہ و زاری ہوں
تری شفیق نظر کی عنایتوں کے بغیر
میں دولتِ دِل و جاں لے کے بھی بھکاری ہوں

خَلائی گاڑی

ظفر گورکھپوری

بڑے آرام سے میں پیاری امّی
خلائی گاڑی میں بیٹھا ہوا ہوں
کبھی پڑھتا ہوں میں کوئی کہانی
کبھی سویا ، کبھی لیٹا ہوا ہوں

اسی گاڑی میں ہیں کچھ کیمرے بھی
جو تصویریں اُتارے جا رہے ہیں
اضافہ ہو رہا ہے حیرتوں میں
سیاحت کے مزے بھی آ رہے ہیں

کبھی بحرِ عرب سے ہو کے گزروں
ہمالہ کے کبھی چکّر لگاؤں
کبھی پرواز میری ایشیا پر
کبھی یورپ کی جانب گھوم جاؤں

سمندر ، کوہ ، ریگستان ، جنگل
گھنی آبادیاں ، بازار ، کوچے
گلستاں ، پھول، تتلی ، پیڑ ، پودے
درختوں پر کہیں بیٹھے پرندے

کہوں کیا ، سامنے آنکھوں کے میری
مناظر کیسے کیسے آئیں جائیں
سفر کیسا سُہانا ہے خلا کا
مجھے یہ کیمرے کیا کیا دِکھائیں

عرب ، جاپان ، لنکا ، چین ، برما
دِکھائی دے رہے ہیں سب یہاں سے
مگر امّی مجھے لگتا ہے اچھا
مرا ہندوستاں سارے جہاں سے

❖❖❖

درخت میرا دوست

ظفرؔ گورکھپوری

دھوپ میں جب کبھی تھک کے آؤں	چھاؤں تیری مرا دل لُبھائے
اپنے پتّوں سے پنکھا جھلے تو	لطف ٹھنڈی ہواؤں کا آئے
کیسی کیسی کرے مہربانی
تجھ پہ چڑیاں سجائیں بسیرے	شہد کی مکھیاں گھر بنائیں
ڈالیاں تیری ساون کی رُت میں	میری بہنوں کو جھوُلا جھُلائیں
تجھ سے ہو جائیں گھڑیاں سہانی
برف پگھلے پہاڑوں پہ جس دَم	اور ندیوں میں سیلاب آئے
تیز دھاروں کو روکے جڑوں سے	میری زرخیز مِٹّی بچائے
لائے میرے لیے شادمانی
جب کوئی ڈالیاں تیری توڑے	یوں لگے جیسے مَیں گھٹ رہا ہوں
جب کوئی تجھ پہ آرا چلائے	یوں لگے جیسے مَیں کٹ رہا ہوں
تجھ سے قائم مری زندگانی
میں کروں گا تری پاسبانی

❖❖❖

سنچری بلے باز

ظفرؔ گورکھپوری

لیجئے میچ کا دن بھی آ ہی گیا
ہر کوئی مسکراتا مچلتا چلا
اپنے ہاتھوں میں گیند اور بَلّا لیے
میں بھی میداں کی جانب اُچھلتا چلا

ٹاس جیتا، بہت خوش ہوئے اور پھر
جعفری نے یہ اعلان بڑھ کر کیا
بَلّے بازی مقابل کے لڑکوں کو دی
فیلڈنگ کو ہی بہتر تصوّر کیا

ٹیم کے کپتین جعفری نے کہا
دوستوں کھیل میں آن قائم رہے
شہر میں نام ہو اپنے اسکول کا
اور اپنی بھی کچھ شان قائم رہے

میچ ہونے لگا جاں کی بازی لگی
گیند پھینکی تھی کہ بج اٹھیں تالیاں
ہم نے سوچا کہ "وکٹیں" گرا کے سبھی
بڑھ کے لوگوں سے لیں خوب شاباشیاں

فیلڈنگ تو جمائی تھی اچھی مگر
بدنصیبی کہو کیچ چھوٹے کئی
بلے بازی بھی کمزور ثابت ہوئی
لوگ بدظن ہوئے دوست روٹھے کئی

ہار کر میچ کرکٹ کا جس وقت میں سر کو نیچا کیے گھر میں داخل ہوا
سن کے ابّا کی شفقت بھری گفتگو اک نیا حوصلہ دل کو حاصل ہوا

ماں نے ہنس کر کہا دل نہ چھوٹا کرو آج ہارے تو کیا جیت سکتے ہو کل
شرط یہ ہے کہ انسان کوشش کرے سب کو ملتا ہے دنیا میں کوشش کا پھل

کھیل کی مشق کی ، خوب ماہر ہوا رات دن میں نے محنت کی میدان میں
ہارنے کی نہ نوبت کبھی آئے پھر بس گئی تھیں یہ باتیں ،مرے دھیان میں

سنچری مَیں نے ماری ہے جس روز سے سارے گھر کی محبت مرے ساتھ ہے
دوست، اُستاد، ماں باپ ، بھائی بہن سب یہ کہتے ہیں واللہ کیا بات ہے

✤✤✤

باجی کی شادی

ظفرؔ گورکھپوری

شہنائی سے گونج رہا ہے شادی کا پنڈال
باجی جائیں گی سسرال
دھوم دھڑاکا ، ہنسی شرارت ، آج کے دن کی ریت
اری سکینہ چُپ چُپ کیوں ہے چھیڑ خوشی کا گیت
چلی دلہنیا اپنے گھر کو سدا رہے خوش حال
باجی جائیں گی سسرال
ہری چوڑیاں ، سرخ دوپٹّہ ، کاجل ، گجرا ، گہنا
پیاری باجی آج تمھاری سج دھج کا کیا کہنا
مہندی سے یہ گوری ہتھیلی رہے ہمیشہ لال
باجی جائیں گی سسرال
گھوڑے اوپر دولھا آیا ، گورا گورا چہرا
گورے گورے سے چہرے پر چم چم کرتا سہرا
سر پر صافہ اور ہاتھ میں عطر بھرا رومال
باجی جائیں گی سسرال

لو وہ قاضی جی آپہنچے ، عقد کی ہے تیاری
اس کے بعد چھوہارے ہوں گے پھر شربت کی باری
رسمِ مبارک بادی اور پھر بریانی کے تھال
باجی جائیں گی سسرال
خوش رہنا سسرال میں باجی اِٹھلانا ، لہرانا
عرض ہے لیکن اتنی باجی، ہم کو بھول نہ جانا
ہم سے رشتہ قائم رکھنا لِکھتی رہنا حال
باجی جائیں گی سسرال

❖❖❖

ہمارے پڑوسی

ظفر گورکھپوری

بڑے سیدھے سادے ہمارے پڑوسی
خدا سب کو دے ایسے پیارے پڑوسی

کئی سال کی اُن سے ہے آشنائی
کبھی کوئی جھگڑا ، نہ کوئی لڑائی

ہمیں بھی خیال ان کا رہتا بہت ہے
اور ان کو بھی ہم پر بھروسا بہت ہے

کوئی چیز کم ہو تو وہ ہم سے لے لیں
ضرورت پہ ہر چیز وہ ہم کو دے دیں

جو تہوار آئے تو گھر پر بُلائیں
تواضع کریں اور عزت بڑھائیں

وہ رکھتے ہیں اپنا کُھلا دِل ہمیشہ
خوشی اور غم میں ہیں شامِل ہمیشہ

کچھ اُن کے ہیں بچّے ، کچھ اپنے ہیں بچّے
طریقوں میں بہتر ، سلیقوں میں اچھے

نہ جھگڑیں، نہ روٹھیں، نہ غصّہ دِکھائیں
سب اک ساتھ کھیلیں، ہنسیں ، مسکرائیں

ہم ان کے مددگار اور وہ ہمارے
یہ دُکھ سُکھ کے رشتے بھی کتنے ہیں پیارے

آؤ دسترخوان بچھائیں

مائل خیرآبادی

آؤ دسترخوان بچھائیں
مل جُل کر سب کھانا کھائیں
بھائی، پہلے ہاتھ تو دھولو
کھاتے ہوئے بیکار نہ بولو
بسم اللہ جو بھولا کوئی
اس نے ساری برکت کھوئی
دائیں ہاتھ سے کھانا کھاؤ
دیکھو ہر گز بھول نہ جاؤ
چھوٹے چھوٹے لُقمے کھانا
ہر لُقمے کو خوب چبانا
کھانے میں مت عیب نکالو
جو بھی ملے خوش ہوکر کھالو
خوش خوش باہم کھانا اچھا
کچھ بھوکے اٹھ جانا اچھا
کھانا کھا کر، فرض ہے سب کا
شکر کریں سب اپنے رَب کا

❋ ❋ ❋

کاغذ کی ناؤ

اختر شیرانی

ہوا کے زور سے لہرا رہی ہے
جھکولے پر جھکولے کھا رہی ہے
مگر اس پر بھی بہتی جارہی ہے
ہماری ناؤ بہتی جارہی ہے

اگر ہے ناؤ کاغذ کی تو کیا ہے
بچانے والا اس کا دوسرا ہے
ہماری ناؤ کا حافظ خدا ہے
ہماری ناؤ بہتی جارہی ہے

ہماری ناؤ بھی کیا ہے، بلا ہے
جہازوں کا سا اس کا حوصلہ ہے
بہی جاتی ہے گو دریا چڑھا ہے
ہماری ناؤ بہتی جارہی ہے

وہ اک تنکے نے آکر اس کو چھیڑا
لگا اک بلبلے کا پھر تھپیڑا
کرے گا تو ہی یارب ، پار بیڑا
ہماری ناؤ بہتی جارہی ہے

اِرادے

اختؔر شیرانی

پہلا بچّہ:

جواں ہو کے دن رات محنت کروں گا
میں تاجر بنوں گا تجارت کروں گا

دوسرا بچّہ:

میں مفلس مریضوں کی خدمت کروں گا
بنوں گا طبیب اور طبابت کروں گا

تیسرا بچّہ:

میں انجینئری میں مشقّت کروں گا
مشینوں کی ہر دم مرمّت کروں گا

چوتھا بچّہ:

میں قانون پڑھنے میں محنت کروں گا
عدالت میں جاکر وکالت کروں گا

پانچواں بچّہ:

خدا اور نبیؐ کی اطاعت کروں گا
میں دنیا میں سب سے محبت کروں گا

چھٹا بچّہ:

برائی کو دنیا سے رخصت کروں گا
میں مُنصف بنوں گا، عدالت کروں گا

ساتواں بچّہ:

نہ سستی کروں گا نہ غفلت کروں گا
بنوں گا کسان اور زراعت کروں گا

آٹھواں بچّہ:

میں پیدا کچھ ایسی لیاقت کروں گا
میں حاکم بنوں گا، حکومت کروں گا

❋❋❋

اُس سے کہہ دوں گا

(لطیفہ)

اختؔر شیرانی

شہر بھوپال میں عجب خاں نام   اک بہت ہی غریب انساں تھا
فاقہ کرتا تھا دو دو وقت غریب   مفلس اور بد نصیب انساں تھا

شہر میں تھے امیر جتنے لوگ   کوئی لیتا نہ تھا سلام اُس کا
پڑھتا لاحول سامنے جس کے   کوئی لے لیتا آ کے نام اُس کا

اسی حالت میں مدّتیں گزریں   ایک دن اس کو خوش نصیبی سے
گھر کے آنگن میں اک دفینہ ملا   جس نے چھڑوا دیا غریبی سے

اب عجب خاں امیر تھا بے حد   اب عجب خاں کے پاس دولت تھی
عمر بھر ختم ہو نہ سکتی تھی   اس کی دولت کی اتنی کثرت تھی

اس کے سارے امیر ہمسائے   اب ادب سے کلام کرنے لگے
دن میں صرف اک دن میں سو سو بار   اس کو جھک کر سلام کرنے لگے

جب وہ کرتے سبھی سلام اسے   یوں عجب خاں جواب میں کہتا
بہت اچھا میں اس سے کہدوں گا   اور کچھ وہ نہ کہتا چُپ رہتا

سن کے اپنے سلام کا یہ جواب
شہر کے سب امیر حیراں تھے
'اُس سے کہہ دوں گا' کے جواب پہ وہ
دل ہی دل میں بہت پریشاں تھے

آخر اک روز باتوں باتوں میں
پوچھا اک شخص نے عجب خاں سے
'اُس سے کہہ دوں گا' ہے کہاں کا سلام
پوچھ دیکھا ہر اک مسلماں سے

ہم کو دیتا نہیں جواب کوئی
اس کا مطلب تمھیں بتاؤ ہمیں
ہے سلاموں کا یہ جواب نیا
اس میں جو بھید ہے سمجھاؤ ہمیں

مسکرا کر کہاں عجب خاں نے
جب میں مفلس تھا اور غریب اِنساں
میرا لیتے نہ تھے سلام کبھی
تم سے مغرور خوش نصیب اِنساں

اب جو اللہ کی عنایت سے
مجھ کو اتنا بڑا خزانہ ملا
تم سے مغرور ہوگئے سیدھے
اور سلاموں کا اک بہانہ ملا

اب جو کرتے ہیں سب سلام مجھے
سچ یہ ہے یہ مجھے سلام نہیں
میری دولت کو کرتے ہیں وہ سلام
اس میں واللہ کچھ کلام نہیں

اس لئے میں جواب میں سب کے
کہتا ہوں یہ پیام کہہ دوں گا
یعنی گھر جاکے اپنی دولت کو
آپ کا یہ سلام کہہ دوں گا

❖❖❖

ایک لڑکی کا گیت

اختر شیرانی

جہاں چشموں میں بہتا پانی موتی سا جھلکتا ہو
جہاں چاروں طرف جنگل میں ہریاول لہکتا ہو
جہاں پھولوں کی خوشبوؤں سے بَن کا بَن مہکتا ہو
وہاں مَیں ہوں مری ہمجولیاں ہوں اور جھُولا ہو

جہاں چڑیاں گھنیری جھاڑیوں پر چہچہاتی ہوں
جہاں شاخوں پہ کلیاں نت نئی خوشبو لُٹاتی ہوں
اور ان پر کوئلیں ساون کے میٹھے گیت گاتی ہوں
وہاں مَیں ہوں مری ہمجولیاں ہوں اور جھُولا ہو

جہاں اونچے پہاڑوں پر گھٹائیں گِھر کے آتی ہوں
ہوا کی گود میں نیلم کی پریاں مسکراتی ہوں
اور اپنے نیلگوں ہونٹوں سے موتی سے لُٹاتی ہوں
وہاں مَیں ہوں مری ہمجولیاں ہوں اور جھُولا ہو

جہاں آموں کے ہوں باغ اور رکھوالا نہ ہو کوئی
جہاں گھومیں پھریں تو ٹوکنے والا نہ ہو کوئی
اگر جھولا بھی ڈالیں روکنے والا نہ ہو کوئی
وہاں مَیں ہوں مری ہمجولیاں ہوں اور جھُولا ہو

الٰہی میرے دل کی آرزو جلدی سے پوری ہو
وہاں لے چل جہاں اس فصل میں جانا ضروری ہو
وہاں ہو ماتھیران ، آبو ہو ، شملہ ہو ، مسوری ہو
وہاں مَیں ہوں مری ہمجولیاں ہوں اور جھُولا ہو

برکھارت

اختر شیرانی

گھٹاؤں کی نیل فام پریاں، افق پہ دھومیں مچا رہی ہیں
ہواؤں میں تھرتھرا رہی ہیں ، فضاؤں میں گُدگُدا رہی ہیں

چمن شگفتہ، دمن شگفتہ، گلاب خنداں، سمن شگفتہ
بنفشہ و نسترن شگفتہ ہیں، پتّیاں مسکرا رہی ہیں

یہ مینہ کے قطرے مچل رہے ہیں کہ ننھے سیّارے ڈھل رہے ہیں
افق سے موتی اُبل رہے ہیں، گھٹائیں موتی لُٹا رہی ہیں

بہار ہندوستاں یہی ہیں ، ہماری فصلوں کی جاں یہی ہیں
بہشتِ کوثر نشاں یہی ہیں، جو بدلیاں دِل لُبھا رہی ہیں

نہیں ہے کچھ فرق بحر و بر میں ، کھینچا ہے نقشہ یہی نظر میں
کہ ساری دنیا ہے اک سمندر ، بہاریں جس میں نہا رہی ہیں

چمن ہے رنگیں، بہار رنگیں، مناظرِ سبزہ زار رنگیں
ہیں وادی و کوہسار رنگیں کہ بجلیاں رنگ لا رہی ہیں

چمن میں اختر بہار آئی ، لہک کے صوتِ ہزار آئی
صبا گلوں میں پکار آئی ، اٹھو گھٹائیں پھر آ رہی ہیں

او صبح کے ستارے

اختر شیرانی

جلوہ دِکھا رہا ہے کرنیں لُٹا رہا ہے
کیا جی لُبھا رہا ہے
او صبح کے ستارے

محفل تری کہاں ہے؟ منزل تری کہاں ہے؟
کس سمت جا رہا ہے؟
او صبح کے ستارے

سارے جہاں کے اوُپر اس آسماں کے اوُپر
کیوں جھلملا رہا ہے؟
او صبح کے ستارے

کس کا خطر ہے تجھ کو؟ ہاں کس کا ڈر ہے تجھ کو؟
کیا سورج آ رہا ہے؟
او صبح کے ستارے

دم بھر کا یہ سماں ہے تو اس کا میہماں ہے
کیوں مسکرا رہا ہے؟
او صبح کے ستارے

خاموش ہے زمانہ بے ہوش ہے زمانہ
لیکن تو گا رہا ہے
او صبح کے ستارے
چپ چاپ سو رہا ہوں نیندوں میں کھو رہا ہوں
کیوں گدگدا رہا ہے؟
او صبح کے ستارے
کیوں اتنا ڈر رہا ہے؟ کیوں منہ اُتر رہا ہے؟
کیوں تھرتھرا رہا ہے؟
او صبح کے ستارے
آ میں گلے لگا لوں ساتھی تجھے بنا لوں
تو دِل لُبھا رہا ہے
او صبح کے ستارے

❖❖❖

شیرینیٔ گفتار

گوپال متل

ہر حال میں پرہیز کی اس عادت بد سے
ہر عیب سے ہے عیب بُرا تلخیٔ گفتار

یہ چیز بنا دیتی ہے احباب کو دشمن
حق میں ہے محبت کے یہ چلتی ہوئی تلوار

اپنا ہو کہ بیگانہ ہو، دشمن ہو کہ ہو دوست
ہو جائے گا تلخی سے تری بات کی بیزار

گنبد ہی کی مانند ہے یہ بزمِ جہاں بھی
ہوتی ہے یہاں اپنے ہی الفاظ کی تکرار

جو کچھ بھی کہے گا اسے سننا ہی پڑے گا
اس بات کو کر دل سے فراموش نہ زنہار

لازم ہے ان الفاظ کے کہنے سے بھی پرہیز
سننے سے جن الفاظ کے آتی ہو تجھے عار

ہوتی ہے اسی چیز سے تسخیر دلوں کی
اے دوست بڑی چیز ہے شیرینیٔ گفتار

❖❖❖

خیر البشرؐ

ماہر القادری

ازل کی صبح آئی جلوۂ شامِ ابد لائی
کیا ہستی کے محور پر جہاں نے آخری چکّر
زمانے کی فضا میں اِنقلابِ آخری آیا
نچھاور کر دیا قدرت نے سب فطرت کا سرمایہ
ابھی جبریل اُترے بھی نہ تھے کعبہ کے منبر سے
کہ اتنے میں صدا آئی یہ عبداللہ کے گھر سے
مبارک ہو شہِ ہر دو سرا تشریف لے آئے
مبارک ہو محمدؐ مصطفیٰ تشریف لے آئے
مبارک ہو نبیؐ آخری تشریف لے آئے
مبارک ہو جہاں کی روشنی تشریف لے آئے
مبارک مظہرِ شانِ اَحَد تشریف لے آئے
مبارک پیکرِ صبر و رضا تشریف لے آئے

وہ آئے جن کے آنے کی زمانے کو ضرورت تھی
وہ آئے جن کی آمد کے لیے بے چین فطرت تھی
وہ آئے نغمۂ داؤد میں جن کا ترانہ تھا
وہ آئے گریۂ یعقوب میں جن کا فسانہ تھا
وہ آئے جن کی خاطر مضطرب تھی وادئ بطحاء
وہ آئے جن کے قدموں کے لیے کعبہ ترستا تھا
وہ آئے جن کی ٹھوکر پر نچھاور سطوتِ دارا
وہ آئے جن کے آگے سرد ہر باطل کا انگارا
وہ آئے جن کے آنے کو گلستاں کی سحر کہیے
وہ آئے جن کو ختم الانبیاء خیرالبشرؐ کہیے

❖❖❖

التجا برائے آب (مرثیہ)

مرزا سلامت علی دبیرؔ

ہر اک قدم پہ سوچتے تھے سِبطِ مصطفیٰ لے تو چلا ہوں فوجِ عمر سے کہوں گا کیا
نہ مانگنا ہی آتا ہے مجھ کو نہ التجا مِنّت بھی گر کروں گا تو کیا دینگے وہ بھلا
پانی کے واسطے نہ سنیں گے عدو مری
پیاسے کی جان جائے گی اور آبرو مری

پہنچے قریب فوج تو گھبرا کے رہ گئے چاہا کریں سوال پہ شرما کے رہ گئے
غیرت سے رنگ فق ہوا تھرا کے رہ گئے چادر پسر کے چہرے سے سرکا کے رہ گئے
آنکھیں جھکا کے بولے کہ یہ ہم کو لائے ہیں
اصغرؓ تمہارے پاس غرض لے کے آئے ہیں

گر میں بقولِ عمر و شمر ہوں گناہگار یہ تو نہیں کسی کے بھی آگے قصوروار
شش ماہی بے زبان نبی زادہ شیر خوار ہفتم سے سب کے ساتھ یہ پیاسا ہے بے قرار
سن ہے جو کم تو پیاس کا صدمہ زیادہ ہے
مظلوم خود ہے اور یہ مظلوم زادہ ہے

یہ کون بے زباں ہے تمھیں کچھ خیال ہے   دُرِّ نجف ہے بانوئے بیکس کا لال ہے
لو مان لو تمھیں قسمِ ذوالجلال ہے   یثرب کے شاہزادے کا پہلا سوال ہے
پوتا علی کا تم سے طلب گارِ آب ہے
دیدو کہ اس میں ناموری ہے ثواب ہے

پھر ہونٹ بے زبان کے چومے جھکا کے سر   روکر کہا جو کہنا تھا وہ کہہ چکا پدر
باقی رہی نہ بات کوئی اے مرے پسر!   سوکھی زبان تم بھی دکھا دو نکال کر
پھیری زباں لبوں پہ جو اس نورِ عین نے
تھرّا کے آسمان کو دیکھا حسینؑ نے